Alemán
Sin Censura

Alemán como realmente se habla en la calle

Langenscheidt

Berlín · Múnich · Viena · Zúrich
Londres · Madrid · Nueva York · Varsovia

Alemán Sin Censura
Título de la edición original: *Vorsicht Deutsch!*
Texto original: Cornelia Böhm
Traducción y adaptación al español: Christian Weissenborn y Ascensión Rodríguez
(5idiomas.com)
Revisión: Jean Sroka
Ilustraciones: Kyle Webster
Maquetación: PDF Creativos
Coordinación de proyecto: Bettina Melchers

© 2005 Langenscheidt KG, Berlín y Múnich
© 2011 de la edición castellana para todo el mundo: Langenscheidt Ibérica S.L.
General Arrando, 14 bajo A
28010 Madrid

www.langenscheidt.es

Primera edición
Primera reimpresión
ISBN: 978-84-9929-398-1
Depósito legal: M-38725-2011

Impresión y encuadernación: V.A. Impresores S.A.
Impreso en España

ÍNDICE

Intro

¿Quieres brillar en Alemania con un vocabulario preciso, agudo y moderno? En ese caso, no basta con conocer frases hechas y expresiones estandarizadas. Si lo que de verdad buscas es sentirte como uno de ellos, entonces debes conocer el argot, lo que se dice en la calle y los tacos que más se utilizan. *Alemán Sin Censura* tiene todo lo que necesitas para hablar por los codos con los alemanes. Y todo ello sin ejercicios de gramática, sin conjugaciones verbales y sin reglas: solo con el alemán que de verdad se habla: desde los detalles más íntimos (Zur Sache Schätzchen! – ¡Al tema, nena!) hasta el lenguaje que se emplea para hablar por ordenador, en correos electrónicos y chats, o por SMS.

Lo que deberías saber...

Para poder disfrutar al máximo de este libro y poder aplicarlo bien, deberías contar con algunos conocimientos básicos de alemán. Muchas de las expresiones puedes emplearlas con chicos y chicas, pero verás el símbolo ♀ cuando una palabra o frase pegue solo para chicas o un ♂ cuando solo debas hablarle así a un chico.

El argot juvenil cambia continuamente y no es para nada homogéneo. La forma de hablar de los chicos en Alemania es naturalmente muy diferente a la que se emplea en Austria o en Suiza; dentro de Alemania, cada región, cada ciudad, cada barrio, cada colegio,... tiene un argot propio. Además, los *skaters* emplean expresiones completamente diferentes a las utilizadas, por ejemplo, en los pueblos o por los hijos de inmigrantes afincados en Alemania. Y estas formas de hablar, tanto en alemán como en cualquier idioma, cambian continuamente: algunas expresiones nuevas proceden de la música y del cine, otras muchas directamente de la lengua inglesa o incluso de otras lenguas; muchas veces, las palabras se «alemanizan» o cambian su forma.

Cuidado con...

Las expresiones más fuertes están marcadas con un termómetro. Así podrás valorar de forma muy sencilla si una palabra o expresión es realmente «adecuada» para una situación o si mejor te la guardas para otro momento.

! Cuidado: ¡te estás arriesgando a llevarte una buena leche!

💣 ¡Utilízalo solo con muchísima precaución! Supone un insulto muy gordo y puede estar fuera de lugar.

A continuación te las vas a ver con el alemán que se habla en la calle, por lo que te damos una traducción lo más exacta posible para que sepas cuándo utilizar cada palabra o expresión. Pero ten en cuenta que una expresión que te suene bien en español puede no ser la más indicada en una situación parecida en alemán... Intenta escuchar con atención lo que dicen los otros y evaluar así cómo expresarte en cada momento.

Además, te toparás con estos apartados:

sin censura Realmente vulgar o argot obsceno.

hechos Hechos alucinantes: ver para creer.

para iniciados Consejos para demostrar todo lo que sabes.

Por último

No hay nada tan fugaz como la jerga juvenil hablada: lo que hoy está de moda, mañana puede sonar desfasado. Por eso, si en este libro lees algo que ya no dice ni tu abuelo o si te sabes una palabra o expresión cañera que hayamos olvidado, mándanos un emilio a info@langenscheidt.es.

Este libro no se llama *Sin Censura* porque sí: no es para nada adecuado que uses las palabras y expresiones que en él aparecen delante de tus padres, profesores, parientes o futuros suegros. Algunas cosas que aparecen en estas páginas realmente se pasan de la raya. Si quieres hablar así... ¡allá tú! Pero, en caso de producirse incidentes indeseables –insultos, peleas, palizas o incluso problemas con los maderos– como consecuencia del uso de las expresiones publicadas aquí, esta editorial no asumirá ninguna responsabilidad.

Lo **BÁSICO**

Saludos y expresiones: de lo clásico a lo más cañero

Cómo...

- decir hola y adiós.
- preguntar a alguien qué tal le va.
- acaparar la atención.
- hablar de algo sin complejos.

Da el primer paso

¿Estás harto de decir siempre «Guten Tag»? Entonces, ¡prueba algo nuevo!

Hallo!
¡Hola!
Un clásico en toda Alemania, también al teléfono.

Hi!
¿Qué hay?
Corto y amable.

Servus!
¡Hola! / ¡Adiós!
*Con «Servus» –o también «Serbo», «Servo» (di: seeeervo) o «Sers»–
dirás hola y adiós con mucho estilo en Baviera.*

Moin!
¡Hola! / ¡Buenos días! / ¡Buenas tardes! / ¡Buenas noches!
De Hamburgo hacia arriba el saludo informal ideal a cualquier hora del día.

Alles klar?
¿Todo bien / guay?

Tach auch!
¡Buenas!
Lo bueno, si breve, dos veces bueno.

para iniciados

En la carretera uno se encuentra de vez en cuando con un tipo de «saludo» totalmente distinto: el del conductor cabreado. Consiste en golpearse levemente la frente
con el dedo índice para indicar a alguien que está majareta o —más claro aún—
hacerle el gesto de la peineta (en la página 112 puedes ver cómo). De esta manera,
un conductor o un ciclista señala a otro que este no está bien del coco y conduce de
pena. Pero, ¡cuidado! Estos «saludos» son considerados como una ofensa y pueden
costarle multas exorbitantes en los tribunales al que pillen haciéndolos.

Was geht?
¿Qué hay?

Wazup? / Wassup?
¿Qué pasa?
Se pronuncia exactamente igual que en inglés: «What's up?»

¿Qué tal?

La mejor manera para comenzar una conversación es, sin duda, averiguar qué tal le va a tu interlocutor o a tus interlocutores. Así puedes preguntar y contestar:

– **Wie isses?** ¿Qué tal?
– **Beschissen wie immer. Bei dir?**
  Jodido como siempre, ¿y tú?
– **Alles fit im Schritt?** ¿Todo bajo control? /
  ¿Todo controlado?
– **Logo, Alder.** Claro, tío. (Lit.: Lógico, viejo).
– **Alles gut?** ¿Todo bien?
– **Passt schon.** Tirando. / ¡Ahí vamos!

¡Buenas!

¿Cómo dirigirse a los colegas en alemán? A continuación, unos cuantos ejemplos:

Hey Digger! ♂
¡Hola tío! / ¡Hola tronco (lit.: gordo)!

Hallo Süße! ♀
¡Hola guapetona! / ¡Hola guapa!
Forma cariñosa utilizada entre amigas.

Na, Spasti! / Na, ihr Spacken! ❗
¡Eh, colgao! / ¡Eh, colgaos!
Expresión simpática entre amigos, en otros contextos muy ofensiva.

Hi Homie. / Hi Kollega. ♂
Hola macho. / Hola colega.
Rápido e informal, cuando los colegas se reúnen.

Ey Alda! ♂ **/Alde!** ♀
¡Eh, viejo / vieja!
Saludo informal entre amigos.

Grüß ditsch, Nebenchecker!
¡Hola compi!
Utilízalo solamente con compañeros de piso (jóvenes).

¡Chao, chao!

Antes de darte el piro, puedes señalizar que te vas a ir con una de estas expresiones:

Hau rein!
¡Que te cunda!
Siempre viene bien.

Ich bin dann mal weg.
Adiós, me largo.

Ich mach 'nen Abgang.
Me piro. / Parto sin dolor.
Con el tiempo se ha convertido en un clásico.

Ich muss weg.
Me tengo que pirar.
… y rápido.

Man sieht sich.
Nos vemos.
… algún día.

¡Hablamos!

Si hay mucho ruido, puedes hacer a la vez un «gesto telefónico» (véase la página 110) como si sujetaras el teléfono junto a la oreja.

Pírate con estilo...

- **Ich muss weg.** Me tengo que ir / pirar.
- **Hau rein, Alda! Man sieht sich.**
  ¡Que te cunda, viejo / tío! Nos vemos.

Hablar sin complejos

Todo lo que deberías saber si quieres enrollarte con tus amigos alemanes:

Jo.
Sí.
Pronúncialo largo: «Iou».

Nö. / Nee.
No.

Na?
¿Qué tal? / Y entonces, ¿qué?

Lass stecken!
¡Déjalo estar! / ¡No te rayes! / ¡No te comas el tarro!

Das kotzt mich an.
Esto me jode mogollón. (Lit.: me vomita encima).

Passt schon.
Vale. / No pasa nada.

Was zur Hölle geht denn hier?!
¿¡Qué coño pasa aquí!?

Kein Plan.
Ni puta idea.
Si no tienes ni idea, reconócelo sin tapujos.

Boah ey, voll heavy!
¡Bua, qué fuerte!
Puedes utilizar «Boah ey» siempre que quieras exclamar sorpresa.

Ich glaub, es hackt!
¡Yo lo flipo!
*Siempre va bien en situaciones en las que no das crédito a tus ojos
o a tus oídos, o en las que te quedas completamente atónito.*

Sag mal, geht's noch?
Oye, ¿tú estás bien? / ¿Te parece normal?
Expresión clara de enfado.

Nicht schlecht!
¡No está nada mal!
También lo puedes decir con ironía…

Was für'n Scheiß!
¡Qué / vaya mierda!

Kein Bock! / Ohne mich!
¡No me da la gana! / ¡No tengo ganas! / ¡Yo paso!
*Si alguien no reacciona cuando le propones algo, puedes preguntarle
«Kein Bock, oder was?»*

Das is' mega-assi!
¡Vaya putada!

Du Honk / Cracker / Volltrottel! ❗
¡Gilipollas! / ¡Cabrón! / ¡Imbécil!
Cuidado, alguien podría partirte la boca por eso.

hechos

En Alemania, los amigos normalmente se saludan con una abrazo cariñoso o con uno o dos besos en la mejilla. Si se trata de gente nueva (por ejemplo amigos de amigos) que todavía no se conoce muy bien, uno se suele limitar a dar primero la mano (como gesto respetuoso).

2

ENAMORARSE y DESENAMORARSE

¿Quieres conocer a alguien o, mejor, deshacerte de alguien?
Seguro que lo consigues con las siguientes expresiones.

- Cómo dirigirte a alguien.
- Entrar y ligar como un *crack*.
- Calabazas sin miramiento.
- Cortar una relación: así se hace.

Ligar con estilo

No dejes escapar al ligue de tu vida tan solo porque no te salen las palabras en alemán. Con las siguientes expresiones podrás ligarte a cualquiera. Empezamos por las clásicas:

Bist du alleine hier?
¿Estás solo/a?

Darf ich dich auf einen Drink einladen?
¿Te invito a una copa?

Hast du Lust zu tanzen?
¿Te apetece bailar? / ¿Bailamos?

para iniciados

Consejos típicos de chicos para chicos: un poco triviales, pero si los empleas correctamente, tendrás sin duda a toda la peña de tu parte y quizás incluso a las chicas...

Kennen wir uns nicht?
¿No nos conocemos?

War es Liebe auf den ersten Blick? Oder soll ich noch mal vorbeikommen?
¿Ha sido amor a primera vista? ¿O me voy y vuelvo otra vez?
Si lo dices con encanto, seguro que rompes el hielo...

Hab ich Zucker in den Augen, oder bist du wirklich so süß?
¿Tengo azúcar en los ojos o de verdad eres tan mona (lit.: dulce)?

Er: Würdest du mir die Richtung zeigen?
Él: ¿Me enseñarías el camino?

Sie: Wohin denn?
Ella: ¿A dónde?

Er: Zu deinem Herzen...
Él: A tu corazón...
¡El romanticismo es la última rebelión!

sin censura

Con estas expresiones para ligar te arriesgas a que te den una bofetada, pero el que no arriesga...

Schicke Schuhe! Poppen? 💣☀
¡Me encantan tus zapatos! ¿Follamos?
Más directo, imposible...

Ich hab mir heute einen neuen Wecker gekauft, möchtest du ihn morgen früh mal klingeln hören?
Hoy me he comprado un despertador nuevo. ¿Quieres oírlo sonar mañana por la mañana?
Una propuesta muy clara.

All diese Kurven und ich ohne Bremsen! ❗
¡Tantas curvas y yo sin frenos!
¡Cuidado, podrías acabar en la cuneta!

Darf ich bei dir einparken? 💣☀
¿Puedo estacionar mi coche en tu garaje?

Du bist bestimmt Geheimagentin. Du verfolgst mich jede Nacht im Traum.
Seguro que eres una agente secreta. Me persigues cada noche en mis sueños.

Ich lese gerade deine Gedanken und du hast recht: Ich bin sehr nett!
Estoy leyendo tus pensamientos y tienes razón: ¡Soy muy majo!

Hast du Magneten in deiner Tasche? Du ziehst mich magisch an ...
¿Tienes imanes en tu bolso? Me atraes de una forma mágica...

Para entablar una conversación...

– **Willst du was trinken?** ¿Quieres tomar algo?
– **Klar, gerne.** Sí, claro.
O bien:
– **Nö, lass mal.** No, déjalo.

¡Ey baby!

¿Un chico o una chica te parece atractivo/a? Entonces díselo. Pero ¡ojo! Algunas de estas expresiones podrían volverse en tu contra si las escucha el aludido o la aludida:

Boah, er/sie ist ...	Guau, está/es...
süß.	una monada.
sexy.	sexy.
scharf.	buena/o.
schnuckelig.	monísima/o.
niedlich.	mona/o.
heiß.	caliente.
mega-hübsch.	buenorra/o.
'n geiles Stück. !	muy caliente.

Si hablas de chicos:

Wow, er ist ...	Guau, (él) ...
'ne coole Sau.	es mega guay.
ein Hammer-Typ.	está como el pan.
ein Schnuckel.	es muy mono.

Y esto solo puedes utilizarlo para chicas:

Wow, das Baby ... Guau, la tía...
is 'ne geile Pussy. 💣 es un cañón / es tremenda / está cachonda.
is 'ne heiße Braut. es(tá) muy caliente.
is 'ne Schleckrosine. está para comérsela.
is 'ne enge Muschi. 💣 tiene un chochito estrecho.

hechos

Anbaggern, aufreißen, angraben, klarmachen... en alemán existen muchas expresiones para el dirigirte a un chico o a una chica con claras intenciones. «Anmachen» es algo ambiguo y puede significar tanto entrar / ligar como también poner / gustar (a alguien). También puede ser una provocación, en el sentido de «jemanden ärgern» o «blöd kommen» (enfadar a alguien), por ejemplo en «Mach mich nicht an, ey!» (¡Ey, no me rayes / taladres!).

Calabazas sin miramiento

¿Sin tacto o amablemente? Aquí encuentras expresiones para dar calabazas de cualquier modo y en cualquier ocasión. Búscate la que mejor te vaya.

Ich hab einen Freund / eine Freundin.
Tengo novio/a.
No hace falta que sea verdad, pero ¡a menudo hace milagros!

Vergiss es!
¡Olvídalo!
Un claro aviso…

Verpiss dich! ❗
¡Piérdete!
¡Lenguaje puro y duro, pero muy clarito!

Desinterés total...

– **Darf ich deine Nummer haben?** ¿Me das tu número
de teléfono?
– **Steht im Telefonbuch.** Está en la guía.
– **Und wie heißt du?** ¿Y cómo es tu nombre?
– **Steht daneben!** ¡Está escrito justo al lado!

Hau ab!
¡Lárgate!
¡Y déjame en paz de una vez!

Träum weiter!
¡Sigue soñando!

Encantador, pero muy claro...

– **Du siehst aus wie meine nächste Freundin.**
Te pareces a mi próxima novia.
– **Und du siehst aus wie der nächste, der eine
geschmiert kriegt!** ¡Y tú te pareces al próximo
que se va gana una hostia!

Más directo todavía...

– **Stört es dich, wenn ich rauche?** ¿Te molesta
si fumo?
– **Mich würde es nicht mal stören, wenn du brennst!**
Ni siquiera me molestaría que te quemases.

Cortar una relación

¿Cómo se lo dices a los otros?

Sie hat ihn sitzen lassen.
Lo ha dejado.

Er hat mit ihr Schluss gemacht.
Ha cortado con ella.

Er hat sie in die Wüste geschickt.
La ha mandado a freír espárragos (lit.: al desierto).

Sie hat sich von ihm getrennt.
Se ha separado de él.

Sie sind nicht mehr zusammen.
Ya no están juntos.

sin censura

*¿Te duele el corazón? ¿Mal de amores? Así puedes hablar mal de tu ex.
Infamias sobre chicas:*

Sie ist eine ...	Es una...
Nutte.	puta.
Hexe.	bruja.
Schlampe.	zorra.
Fotze.	gilipollas.
Hure.	puta.
Tusse.	(niña) pija.
doofe Kuh.	subnormal.
Zicke.	estúpida / pedante / creída.

sin censura

... y sobre chicos:

Er ist ein ...	(Él) es un...
Penner.	gilipollas.
Arsch/Arschloch. ❗	cabrón/hijo de puta.
Wichser. 🔴✳	hijo de puta. (Lit.: pajillero).
Schwein.	cerdo.
Scheißkerl. ❗	capullo.
Aufreißer.	cabrón/ligón.
Depp.	subnormal.
Affe.	retrasado mental. (Lit.: mono).

para iniciados

Bitch, Checker, Dope, Bunny, Babe... muy *nice*, ¿verdad? Es sobre todo en la jerga juvenil en la que cada vez más palabras en alemán se sustituyen por equivalencias inglesas más o menos alemanizadas; esto gracias a la MTV, a internet y a la cultura del hip-hop. Así que no te extrañes si oyes piropear o insultar a las chicas con «Bunny», «Babe» o «Bitch». «Cool» ya se considera desde hace tiempo como una palabra alemana al igual que otros compuestos como «abgefuckt» (jodido/a), «chillig» (relajado/a), «cruisen» (viajar), «hardcore» (duro/a, pesado/a), «Das suckt!» (¡Eso es una mierda / no mola nada!) o «steppen»: «Ey Alda, step zur Seite!» (¡Ey tío, piérdete!), que ya no podrían desaparecer del lenguaje cotidiano de muchos jóvenes alemanes.

Cortar

¿Se acabó el amor? Como se lo dices a él o a ella en alemán.

Lass uns Freunde bleiben.
Podemos seguir siendo amigos.
Un clásico en cualquier idioma…

Ich brauche mehr Zeit für mich.
Necesito más tiempo para mí.
Ups… esto suena a separación.

Lass uns eine Auszeit nehmen.
Podríamos dejarlo por un tiempo.
La frase de los cobardes: cualquiera entiende que está todo acabado.

Ich fühle mich nicht bereit für eine Beziehung.
No estoy preparado/a para una relación.
Otras madres también tienen hijas guapas…

Es tut mir leid, es liegt nicht an dir.
Lo siento, no tiene nada que ver contigo.

Wir haben uns entliebt.
Ya no sentimos nada el uno por el otro.

Es ist aus.
Se acabó.
Directo al grano.

AMOR y SEXO

¡Al tema, nena! El vocabulario más importante
sobre el tema del deseo y la pasión.

- Momentos románticos: desde morrearse hasta follar.
- 1000 formas de describir la actividad más bella del mundo.
- Cotilleos y marujeos: ¿Quién lo ha hecho con quién?
- ¡Cuidado! Enfermedades de transmisión sexual.

¿Sientes mariposas en el estómago?

Así alucinarán tus amigos alemanes cuando les cuentes tu última aventura excitante...

Hay que saber divertirse:

Wir gehen Mädels / Jungs klarmachen.
A trincar a las chicas o a los chicos.
«Klarmachen» puede significar «organizar o conseguir algo» pero también, de forma explícita, «tener relaciones sexuales con alguien». «Ich hab die Alte klargemacht» significa «Me he acostado con la tía».

Wir haben was am Laufen.
Estamos liados. / Hay algo entre nosotros.
No tiene porque significar sexo, ni tampoco algo serio.

Wir haben rumgeknutscht.
Nos hemos enrollado.

Wir haben nur unseren Spaß. / Es ist nur ein Flirt.
Solo nos divertimos. / Es solo un rollete.
Es decir, puede haber citas con otros/as...

Ahora va en serio:

Wir sind zusammen.
Estamos juntos.
Bueno, ¡por fin!

Das ist mein Neuer / meine Neue.
Este es mi (nuevo) chico. / Esta es mi (nueva) chica.
¡Díselo a todos!

Daniel hat eine neue Flamme.
Daniel tiene una nueva churri.

Wir sind ein Pärchen.
Somos pareja.
A partir de ahora, ya no se mira a nadie más.

Y finalmente... sexo:

Wir haben miteinander geschlafen.
Nos hemos acostado.

Wir hatten einen One-Night-Stand.
Fue una relación de una noche.
Fue solo una vez...

Es ist nur eine Fickfreundschaft.
Tenemos una amistad con derecho a roce.
Significa que solo quedáis para acostaros.

¡Caliente, caliente!

La diversión no tiene límites: del pico inocente al sexo sin pudor.

Küss mich.
Bésame.

Gib mir ein Bussi.
Dame un pico.

So wie der küsst, braucht man ein Handtuch.
Babea tanto al besar que necesitas una toalla.
Uf, una técnica de besar muy húmeda. Tendrá que seguir practicando.

Er hat mich fast aufgefressen.
Casi me come a mordiscos / chupetones.

Er hat mir die Zunge in den Hals gesteckt.
Me ha dado un beso con lengua. (Lit.: me ha metido la lengua en la garganta).

Wir haben Speichelhockey gespielt.
Nos hemos enrollado. (Lit.: hemos jugado al hockey de saliva).

Suchen wir uns ein ruhigeres Plätzchen?
¿Buscamos un lugar más tranquilo?
Seguramente no lo busca para hablar...

Ich bin total spitz, Baby.
Me has puesto, guapa.

Du machst mich total an.
Me pones mogollón / mazo.

Mach's mir!
¡Házmelo!

Acaramelar un poco

Apelativos cariñosos que puedes probar para dirigirte a tu nuevo ligue:

Küss mich, ...	Bésame, ...
Baby.	nene/a.
Süße / Süßer.	guapa/o.
Schatzi.	cari.
Schnuckel.	bombón.
Krümel.	chorba/o.
Honey.	tesoro.
meine Kleine / mein Kleiner.	nena/e.

¡Pillado!

– **Hast du was mit Jessica?** ¿Estás con Jessica?
– **Nö, wir sind nur Freunde.** ¡Qué va! Solo somos amigos.
– **Ach? Ich hab euch aber gestern im Kino
rumknutschen sehen!** ¿Sí? ¡Pero os vi
ayer morreándoos en el cine!

De vírgenes a putas

Con esto, no te cortarás ni un pelo:

Sie ist …	Ella es…
Jungfrau.	virgen.
schüchtern.	tímida.
eine ganz Brave.	una chica formal / estrecha.
eine Zicke.	una creída.
ein Flittchen ❗ / eine Nutte. 💣	una puta / zorra.
eine Schlampe. 💣	una guarra / puta.

Er ist …	Es…
süß.	monísimo.
ein super Typ.	un tío genial.
ein Großmaul.	un chulo.
ein Aufreißer.	un capullo / ligón.
ein Player.	un cabrón.
ein Scheißkerl. ❗	un gilipollas (de mierda).
ein Hurensohn. 💣	un hijo de puta.

Er/Sie macht mit jeder / jedem rum.
Se lía con cualquiera.

Er/Sie lässt nichts anbrennen.
Se tira a cualquiera. / No hace ascos a nadie.

Die Braut macht Faxen. / Die Braut will sich nicht knallen lassen. ❗
La piba es una estrecha. / La piba no se deja follar.
Bueno, mala suerte, tío…

sin censura

Y ahora al grano. «Wir haben Liebe gemacht» («hemos hecho el amor»)
puede ser muy romántico, pero a veces uno/a quiere decirlo de otra manera.

Wir haben …   Hemos…

ein Nümmerchen geschoben.   echado un kiki.
Relativamente suave.

gepoppt. ❗   mojado.
Está muy claro: os acostasteis.

gebumst. ❗   echado un polvo / polvete.
No es bajo ningún aspecto la forma más romántica de hablar de
una aventura en la cama.

gefickt. 💣   follado.
Muy vulgar. A menudo tiene connotaciones negativas:
¿uno/a de los dos siente que están abusando de él/ella?

¿Santa o puta?

– **Das Babe ist scharf!** La pava está buena.
– **Die is' voll die Schlampe, die lässt doch jeden ran!**
  ¡Es una guarra! Se deja trincar por cualquiera!
– **Nee, die tut nur so als ob.**
  Qué va, solo es una calienta.

Cómo se lo cuento a mis colegas

También en alemán hay miles de palabras para definir la insignificancia más divertida del mundo: solo hay que conocerlas.

Wir haben es getan.
Lo hemos hecho.
¡Todo el mundo sabe a qué te refieres!

Wir sind zusammen aufgewacht.
Nos hemos despertado juntos.
¡Qué romántico!

Wir haben die Nacht zusammen verbracht.
Hemos pasado juntos la noche.
Suena light... sin embargo, sabemos muy bien que lo hicisteis...

para iniciados

En alemán, «ficken» no significa solo tener relaciones sexuales. «Er hat mich gefickt» también quiere decir *Se ha aprovechado de mí* o *Me ha jodido*. «Jemanden ficken» es tanto *acostarse con alguien* como *pegar / cabrear a alguien* («Ich fick dich, Alda!» – *Te pego una hostia, tío*). «Auf etwas keinen Fick geben» quiere decir *ignorar* o *menospreciar algo*.

Ich hab ihn/sie mit nach Hause genommen.
Me lo/a llevé a casa.
¿Y luego...?

Daniel ist mit Marie in die Kiste gestiegen.
Daniel se ha llevado a Marie al huerto.

Los tíos que fardan de su masculinidad luego se lo cuentan así a sus coleguis...

Ich hab ...

ein Rohr verlegt.	Me he echado un palo (lit.: he puesto una tubería).
sie rumgekriegt.	Me la he trincado (lit.: la he conseguido).
sie genagelt. !	Me la he cepillado (lit.: clavado).
sie gepudert.	La he pinchado (lit.: le he puesto polvos).
sie vernascht.	Me la he tirado. (Naschen = picar, comer golosinas).
sie ins Bett gekriegt.	Hemos echado un kiki.

hechos

Let's talk about sex... Puedes hablar de lo que ha pasado con mucho sentimiento («Liebe machen» – *hacer el amor*, aunque suena mucho más cursi), describirlo de forma neutral («miteinander schlafen» – *acostarse con alguien*) o no andarte con floreos y utilizar mejor algo vulgar, pero directo («poppen», «bumsen», «ficken» – *joder, echar un polvo, follar*). El sexo es siempre un tema importante para tirarse pegotes en las conversaciones entre hombres, por eso será en las mismas donde escucharás las expresiones más ordinarias, por ejemplo, «bumsen» o «ficken». En otras situaciones la mayoría de los jóvenes hablan, sin embargo, de «miteinander schlafen».

Pequeñas guarrerías

Desde lo sexy hasta lo perverso: ¿Tienes ganas de aventura?

Ich hab mir Dessous gekauft.
Me he comprado un picardías / ropa íntima.

Wir gucken gerne Pornos.
Nos gustan las pelis porno.

Er/Sie steht auf flotte Dreier.
Le molan los tríos.

Sie bläst ihm einen. / Sie gibt ihm Schädel / 'nen Blowjob.
Se la chupa. / Le hace una mamada / una chupada.

Er macht es ihr mit dem Finger. / Er fingert sie.
Se lo hace con los dedos. / Le mete los dedos.

Sexo seguro

¡Cuidado! Si quieres utilizar las palabras de este capítulo, sería mejor que aprendieras también las siguientes...

Hast du ...	¿Tienes...
ein Kondom?	un condón?
ein Präservativ?	un preservativo?
einen Gummi?	una goma?

Nimmst du die Pille?
¿Tomas la píldora?

Ich hab eine Spirale / einen Vaginalring / ein Hormonpflaster.
Llevo puesto un DIU / anillo vaginal / parche anticonceptivo.

Warte, ich setze mein Diaphragma ein.
Espera que me pongo el diafragma.

Du solltest lieber verhüten!
¡Mejor protégete!
Puede referirse a todos los métodos anticonceptivos citados.

¿Es un tío legal también en la cama?

– **Nimmst du die Pille?** ¿Tomas la píldora?
– **Nein. Benutz lieber ein Kondom!** No, será mejor
que te pongas un condón.

Por si ocurre algo...

Wir brauchen die „Pille danach".
Necesitamos la «píldora del día después».

Sie hat sich eins hinsetzen lassen.
Se ha dejado preñar.

Das Baby war ein Unfall.
El niño es de penalti.

Enfermedades de transmisión sexual

¡No arriesgues nada e infórmate antes!

Er/Sie hat sich angesteckt.
Lo/La han contagiado.

Der Typ ist eine wandelnde Geschlechtskrankheit.
El tío es un transmisor andante de enfermedades sexuales.

Jessica ist eine Schlampe, die hat garantiert irgendwas.
Jessica es una puta, seguro que tiene algo.

Warst du beim Arzt?
¿Te ha visto un médico?

Hast du dich auf sexuell übertragbare Krankheiten untersuchen lassen?
¿Te has hecho pruebas de enfermedades de transmisión sexual?

Hast du einen AIDS-Test gemacht?
¿Te has hecho la prueba de sida / VIH?

Sie hat sich ... geholt.	Él le ha pegado (a ella)...
Herpes genitalis	un herpes genital.
eine Chlamydien-Infektion	las clamidias.
Gonorrhö	la gonorrea.
Syphilis	la sífilis.
Aids	el sida.

No te olvides de preguntar...

– **Hast du einen Aids-Test gemacht?** ¿Te has hecho
la prueba del VIH / sida?
– **Klar, ich bin sauber.** Sí, claro, estoy limpio/a.

para iniciados

La primera vez... Según las encuestas, uno de cada cuatro menores de once años
en Alemania ya se ha enrollado con alguien alguna vez, y la mayoría (aprox. un
60 %) ha tenido su primera experiencia sexual con 16 años. La mayoría de las chicas se enamoran por primera vez con 12 o 13 años, los chicos un año más tarde.

4 GAYS y LESBIANAS
de marcha

¿Buscas pasar un buen rato en garitos alternativos?
Te echamos una mano...

- Palabras y expresiones útiles para salir de marcha en el mundo gay y bi.

¿Entiendes?

En alemán existen muchas palabras para el estilo de vida alternativo:

Ist er/sie ...	¿Es...
eine Lesbe? ♀	lesbiana?
schwul? ♂	gay?
ein/e Hete?	heterosexual?
ein/e Homo?	homosexual?

sin censura

Las siguientes palabras las puedes usar (y escuchar) cuando hay mucha confianza. Si no es el caso, ¡cuidado! Se trata de palabras despectivas y pueden sonar muy ofensivas.

Tunte ♂ 💣
mariposón
No suena tan vulgar entre gays.

Arschficker ♂ 💣
chapero
Insulto para los gays solo utilizado por los heteros.

Hinterlader ♂ 💣
chapero
También se utiliza de forma peyorativa para los heterosexuales que tienen un comportamiento supuestamente homosexual.

Arschgaudi 💣
enculada
Lo utilizan a menudo los héteros, pero es muy ofensivo.

Mösenleckerin ♀ 💣
bollera
Expresión peyorativa para lesbianas. ¡Ojo, es muy vulgar!

sin censura

Schwuchtel ♂ !
mariconazo
Denominación peyorativa para gays que se comportan de forma afeminada.

Schwester ♂ !
hermana

Kampflesbe ♀ !
lesbiana andrógina

Powerlesbe ♀ !
lesbiana glamorosa con mucho éxito profesional

hechos

Los gays y las lesbianas nunca se definirían a sí mismos como «homosexuales». No te extrañes si, al llamar a alguien «Homosexuell», te responda: «Ich bin schwul / lesbisch und nicht krank». *Soy gay / lesbiana, no estoy enfermo/a.* Schwul y lesbisch en un principio eran un insulto, pero actualmente son consideradas políticamente correctas y están completamente aceptadas en el mundo gay.

¿Eres bisexual?

Si eres bisexual, nunca te quedarás sin opciones:

Ist er/sie bi?
¿Es (el/ella) bi?

Daniel treibt es auch mit Frauen.
Daniel también lo hace con mujeres.

Jessica kennt angeblich beide Ufer.
Parece que Jessica juega en los dos equipos.

hechos

En el ambiente gay un pañuelo de colores, colgado del bolsillo trasero del pantalón, puede indicar las tendencias sexuales del que lo lleva, dependiendo del color (un pañuelo celeste, por ejemplo, indica preferencia por el sexo oral) y de en qué lado está colocado (a la izquierda: activo; a la derecha: pasivo; al cuello: ambos).

5 DEPORTE y JUEGOS

Da lo mismo que sea en el estadio o delante de la playstation – todo el que quiera animar a su jugador o a su equipo o insultar al rival debe dominar el vocabulario apropiado.

- Anima a tu equipo e insulta a tu adversario.
- Habla sobre fútbol.
- Suda hasta ponerte en forma: con el parkour.
- Gana a todos en la videoconsola.

Gritos de guerra

¡Prueba que eres un buen hincha!

Hol ihn dir!

¡Quítasela!

Así animas al jugador de tu equipo en una lucha por el balón.

Schieß!!

¡Tira!

Puede resultar amenazante en otras situaciones, pero en el estadio encaja perfectamente.

Mach ihn platt!!

¡Machácale!

El grito de guerra por excelencia.

Jetzt geht's los! Jetzt geht's los!

¡A por ellos, oé, a por ellos oé!

Utiliza este grito para que tu equipo vaya hacia adelante. También se puede utilizar después de una ataque que no terminó en gol para darle a entender al adversario que esto solo es el principio...

So sehen Sieger aus, schalalalala ...

Así, así se gana, así, lalala...

Ideal en cualquier estadio y para cualquier tipo de deporte. Solo tienes que escuchar a las masas y unirte a ellas.

Defense!

¡La defensa!

Podéis cantarlo en coro: DE-FENSE! Se pronuncia a la inglesa.

hechos

Puedes utilizar las frases y expresiones de este capítulo en cualquier ocasión. Los clubs deportivos suelen tener un vocabulario y «canciones» propios; en la mayoría de los casos, son versiones «adaptadas» de canciones de moda. ¡Así que ten siempre los oídos abiertos!

Wir wollen euch kämpfen seh'n, wir wollen euch kämpfen seh'n.
Queremos ver guerra, queremos veros luchar.
Funciona mejor cantándolo.

Deutschland vor, noch ein Tor.
Adelante, Alemania, marca otro gol.
Da igual que sea Alemania, Schalke, o cualquier otro equipo: cámbialo según contexto y verás como se te unen las masas.

Canciones para cantar en los estadios

¡Contribuye para que el ambiente en el estadio se caliente!

Ihr könnt nach Hause gehen.
Ya podéis iros a casa.
Variante: «Ihr könnt nach Hause fahrn, ihr könnt nach Hause fahrn …»
Las dos versiones se cantan.

Finale ohohoh, Finale ohohoh.
A la final, oé oé oé.
Un poco de optimismo, con la melodía de «Volare».

Steht auf, wenn ihr … seid.
Levantaos, si sois… / ¡Que boten los…!
Esto anima a cualquier club. Solo tienes que añadir «Bayern», «Schalker», «Löwen» o el nombre de tu equipo. ¡Y que boten!

Kohle unter unseren Füßen, Schlote ragen hoch hinaus, unsre Heimat das Revier unser Club der S04.
Carbón bajo nuestros pies, chimeneas que llegan hasta el cielo, somos de la cuenca del Ruhr, nuestro club es el S04.
Este canto, por supuesto, solo vale para los clubs de la cuenca del Ruhr. A los fans del FC Bayern no les hace mucha gracia…

Gritos de ánimo

Así lo celebras cuando tu equipo juega de maravilla, hace un jugada genial o lanza un tiro a puerta cojonudo:

Korrega / Hammermäßiger Pass!
¡Un pase de puta madre / cojonudo!

Arschgeiles Spiel! !
¡Menudo partidazo!
Puedes utilizar «geil» (Lit.: cachondo/a) para todo lo que sea genial.

Das Spiel ist gelaufen.
Esto ya está hecho.

Getunnelt!
¡Buen regate entre las piernas!
Toda una humillación para el adversario y todo un regalo para los fans del que lo hizo.

Die haben wir gefickt.
Los hemos jodido bien.
Muy vulgar. ¡Utilízalo con moderación (y solo entre colegas)!

Die haben wir ganz schön abgezogen.
Los hemos machacado bien.
Se utiliza también a menudo en tenis.

sin censura

En los estadios alemanes, las gradas detrás de las porterías de cada equipo están «reservadas» para sus hinchas; los fans auténticos nunca verían un partido desde la tribuna principal.

Insultos

Las tareas de un espectador son múltiples: animar a su equipo y sacar de quicio al árbitro y al equipo contrario.
Para el árbitro:

Hey Schiri, ...
Eh, arbitrillo...

rot!
¡sácale la roja!

mach weiter!
¡sigue!
¡Pita de una vez y que siga el partido!

pfeif ab!
¡pita ya!
...¡y que se acabe esto!

bist du blind?
¿estás ciego?

Para los jugadores del otro equipo:

Kommst du aus dem Zoo?
¡Animal! (Lit.: ¿Te han sacado del zoo?)

Faker!
¡No le eches tanto cuento!
Cuando un jugador quiere ganar tiempo después de una (¿supuesta?) falta y se queda tumbado en el campo más tiempo del debido.

Du Weichei!
¡Blandengue! / ¡Calzonazos!

Mann, bist du arm!
¡Qué pena me das! / ¡Pobrecito!

hechos

No solo los hinchas insultan: el llamado *trash talk* (lenguaje basura) de los propios jugadores tiene como objetivo provocar al rival tanto tiempo como sea necesario para que este pierda los estribos y responda con una actitud violenta, provocando, si hay suerte, su expulsión. Durante el Mundial del 2006 en Alemania el *trash talk* se hizo famoso: el italiano Marco Maerazzi llamó al francés Zinédine Zidane «hijo de una puta terrorista», y el cabezazo que Zidane le dio como respuesta a esto fue sancionado con la expulsión.

sin censura

Teniendo en cuenta que incluso los mismos jugadores se insultan entre ellos, una visita al estadio ofrece a los espectadores la oportunidad de poner a prueba sin tapujos su vocabulario más sucio.

Hurensohn!
¡Hijo de puta!
Va bien siempre, pero es de los más fuertes. ¡Ojo! Suena incluso más duro que en español.

Dreckiger Wichser!
¡Sucio maricón!
De los más utilizados, tanto para el árbitro como para los adversarios.

Arschloch! ❗
¡Cabrón! / ¡Hijo de puta! (Lit.: ano).
Insulto breve y claro.

Du Scheißhaus! ❗
¡Capullo!
«Scheißhaus» es también una palabra vulgar para el WC.

Cuidado: En Alemania no se pueden utilizar insultos que hagan referencia al color de la piel o a la religión: pueden ser duramente sancionados. Cuando son utilizados entre jugadores, se sancionan con tarjeta amarilla o, incluso, con roja directa (expulsión).

Deportes

¿Hay algo más en la vida aparte del fútbol?

Spielst du ...?	¿Juegas al...?
Fußball	fútbol
Tennis	tenis
Volleyball	voleibol
Tischtennis	tenis de mesa, *ping-pong*
Basketball	baloncesto
Nein, ich ...	No, yo...
schwimme.	nado.
skate / fahre Skateboard.	voy / ando en monopatín.
fahre Mountainbike.	voy / ando en bicicleta de montaña.
jogge.	hago *footing*.
hasse Sport.	odio el deporte.

para iniciados

A pesar de que el deporte en Alemania es muy importante y popular, no lo es tanto como en España. Igualmente, es un buen tema para empezar una conversación y conocer a gente. Además, suele servir para averiguar cómo es tu interlocutor, qué tal está, qué le gusta, etc.

hechos

El fútbol sigue siendo el deporte nacional en Alemania. Sin embargo, en los últimos años muchos jóvenes se han aficionado a deportes como el baloncesto, los patines en línea o el monopatín. Llega hasta el punto que hoy se pueden encontrar medio tubos («halfpipes») y minirampas en cualquier ciudad de mediano porte.

Parkour, deporte de moda

Para todos los que de verdad quieran superarse a sí mismos: esto es lo que hay que saber para iniciarse en el parkour.

hechos

El parkour es un deporte que se practica al aire libre, tanto en el campo como en la ciudad. Los que lo practican (del francés: el «traceur» o, traducido, «el que traza el camino», «el que deja una huella») tienen que elegir el camino más recto y corto posible de un punto A al punto B elegido por ellos mismos, superando todo tipo de obstáculos que se interpongan en su camino (papeleras, bancos, vallas de obras, muros, columnas de anuncios, garajes, edificios...). Tienen que usar como único recurso su propio cuerpo y saltarlos o escalarlos.

Armsprung
Salto de brazo
Se salta hacia un objeto (pared o valla) y se escala con ayuda de los brazos.

Katzensprung
Kong / salto del gato
El salto del gato consiste en pasar un objeto apoyando en él las manos, recogiendo las piernas y pasándolas entre el objeto y el propio cuerpo para después estirarlas.

Sprung zum Boden
Salto de fondo
Salto desde una altura elevada hacia el suelo. Los principiantes deberían entrenar bien su musculatura y sus técnicas de rodada antes de arriesgarse con él.

Präzisionssprung
Salto de precisión
Un salto hacia un punto de aterrizaje previamente definido.

hechos

En el parkour no existe rivalidad entre los participantes, sino que lo importante es superarse siempre a sí mismo/a.

Tic Tac
Tic Tac
*Darse impulso con ayuda de un objeto grande (por ejemplo la pared)
para saltar un objeto pequeño o inestable.*

Balancieren
Equilibro / funambulismo
Hacer equilibrios en muros y barras.

Durchbruch
Underbar / bajo de valla
Atravesar un hueco, como por ejemplo dos barras horizontales…

Mauer-Überwindung
Pasa-murallas o *wall run*
Es como subir un muro corriendo.

Landung
Recepción
Siempre se llega abajo, lo importante es saber cómo.

Loslassen
Laché
*Cuando después de saltar hacia un objeto y colgarte del mismo, te dejas
caer para poder alcanzar otro objeto.*

hechos

El parkour es un deporte todavía bastante reciente que fue inventado en Francia por David Belle. En Alemania cada vez hay más jóvenes que intentan practicarlo. Se trata de un reto en el que todos los obstáculos que aparecen en el camino deben ser superados a través de las propias habilidades del cuerpo. Algunos colegios ofrecen incluso el parkour como actividad deportiva.

Diversión y juego

¿Te molan las videoconsolas? Entonces no te pierdas estas palabras y expresiones:

Willst du ... spielen?	¿Quieres jugar...?
PlayStation®	a la PlayStation®
PS3™	al PS3™
GameCube™	al GameCube™
Wii™	a la Wii™
Xbox®	a la Xbox®

Komm, wir spielen MMORPG auf der Wii ™.
Venga, vamos a jugar un MMORPG en la Wii ™.
La Wii ™ tiene WLAN incorporada. Con ella puedes jugar en línea con miles de jugadores diferentes.

Gib mir den Wiimote / Joystick.
Dame el *Wiimote* / la palanca de mando.
El mando de la Wii se llama Wiimote porque se parece a un mando a distancia.

Ich hab ihn plattgemacht.
Lo he machacado.

Ich hab ihn gefickt. 💣
Lo he jodido bien.

Ich hab den Typ geownt.
Le he dado una buena paliza.

Geil! / Super! / Genial! / Endgeil!
¡Cojonudo! / ¡Guay! / ¡Genial! / !La hostia!
Se puede exagerar sin problemas, es de lo más normal.

6 Nos vamos
DE TIENDAS

¡El vocabulario esencial para todos los adictos a las compras!

- Lo que necesitas saber cuando te vas de tiendas.
- Expresiones para cazadores de gangas y víctimas de la moda.

De compras

Antes de salir, tienes que saber adónde ir... y cómo convencer a tus amigos para que te acompañen:

Lass uns shoppen gehen!
¡Vámonos de compras!

Lust auf 'ne Shoppingtour?
¿Te apetece ir de tiendas?

Wollen wir bummeln gehen?
¿Nos vamos de tiendas?

Ich hab Bock, mir Klamotten / Schuhe / Musik zu kaufen.
Me apetece comprarme (algo de) ropa / zapatos / música.

Lass uns mal ... gehen.	Vámonos...
ins Einkaufszentrum	al centro comercial.
ins Kaufhaus	a unos grandes almacenes.
in einen Second-Hand-Laden	a una tienda de segunda mano.
zum Fabrikverkauf /	a un outlet.
zu einem Factory-Outlet	
auf den Flohmarkt	al rastro / mercadillo.

hechos

¿Quieres regatear con el precio? En los grandes almacenes y las tiendas pequeñas alemanas normalmente no se piden descuentos, pero sí es normal regatear un poco en los mercadillos. Así podrás conseguir unas gangas buenísimas y, si te gusta quien te atiende, a la vez practicar tus técnicas de ligoteo...

Preguntas y más preguntas

Ir de compras en alemán – así conseguirás lo que estás buscando:

Wo ist bitte die ...-Abteilung?	¿Disculpe, dónde está la sección de...
Damen	moda mujer?
Herren	moda hombre?
Young-Fashion	moda juvenil?
Sport	deportes?
Schuh	calzados?
Kosmetik	droguería y cosmética?
Schmuck	joyería?

Haben Sie das auch in Größe 40?
¿Tiene también la 40 de esto?

In welchen anderen Farben haben Sie das da?
¿En qué otros colores lo tiene?

Wo ist die Umkleide?
¿Dónde están los probadores?

Haben Sie auch andere Modelle?
¿Lo tiene en otros modelos?

Wo ist die Kasse?
¿Dónde está la caja?

Wo finde ich ...?	¿Dónde están...
CDs	los CD?
DVDs	los DVD?
Postkarten	las postales?
Zeitschriften	las revistas?
Bücher	los libros?

Esta dependienta me está poniendo de los nervios...

– **Kann ich Ihnen helfen?** ¿Puedo ayudarle?
– **Nein, danke. Ich schaue mich nur um.**
   No gracias, solo estoy mirando.

hechos

En Alemania, la mayoría de las tiendas (por lo menos en las grandes ciudades) abren de lunes a sábado de 9.00 a 20.00 h. Desde 2006 la regulación se ha ido suavizando continuamente, de modo que el horario de las tiendas, en muchos casos, se ha ampliado. Asimismo, la regulación vigente varía de estado a estado.

El que busca, encuentra

¿Qué ha dicho el dependiente? A lo mejor era esto:

Kann ich Ihnen helfen?
¿Puedo ayudarle?

Welche Größe suchen Sie?
¿Qué talla está buscando?

Welche Größe haben Sie?
¿Cuál es su talla?

Zahlen Sie bar oder mit Karte?
¿Va a pagar en efectivo o con tarjeta?

A la caja, por favor...

¿Quieres gastarte toda tu pasta? Así le quitas peso al monedero:

Wie teuer ist das?
¿Cuánto cuesta eso?

Ist das heruntergesetzt?
¿Está rebajado/a?

Kann ich mit Karte bezahlen?
¿Puedo pagar con tarjeta?

Ich zahle bar.
Pago en efectivo.

Mist, meine Kohle reicht nicht.
Mierda, no me llega la pasta.

Kannst du mir was leihen?
¿Me puedes prestar algo?

Money, money, money...

Diferentes palabras para referirse al querido dinero:

Papier	papel / miliqui / pepino / boni
Kohle	pasta
Bares	chapas / libras / efectivo
Money	money
Mäuse	guita
Moneten	guil
Patter	parné
Tacken	leuros / mauros

¿Y qué me pongo?

Existen mogollón de tiendas chulas, pero tienes que saber qué tipo de ropa estás buscando:

Ich will was ...	Quiero algo...
Sportliches.	deportivo.
Lässiges.	informal.
Elegantes.	elegante.
eher Konservatives.	más bien clásico.
Schickes.	chic.
Businessmäßiges.	para la oficina.
Stylisches.	moderno.
Flippiges.	desenfadado.
Funkiges.	chulo / molón / guay.
Glamourmäßiges.	fashion / con glamour.

para iniciados

Pues, ¿resulta que la última ganga no ha sido una buena compra, y solo te das cuenta de ello en casa? Esto parece ocurrirle a muchas chicas, por eso las chavalas en Alemania organizan desde hace algunos años «fiestas de intercambio de ropa», *Klamottentauschpartys*. Quedan en casa de una amiga y cada una trae los trapitos elegidos (en la mayoría de los casos, sin estrenar), para que cada una de ellas pueda así rebuscar entre las malas compras de la otras y llevarse a casa lo que le guste. ¿A que no es mala idea?

hechos

Construir adjetivos a medida: no existen apenas palabras en alemán a las que no se les pueda añadir *-mäßig* para formar adjetivos nuevos. «-Mäßig» significa *como, a modo de*, y a veces puede incluso traducirse por *-mente*. Por ejemplo: «tussimäßig abgehen» *(comportarse como una pija)*, «kumpelmäßig» *(amistosamente)*, «businessmäßig» *(como para el trabajo / de negocios)*; y también «abgehmäßig» *(a tope)*, «chillmäßig» *(relajado)*, etc.

La MODA

Un capítulo para los que van a la última: para que tu forma de hablar mole tanto como tu aspecto físico.

Habla en alemán sobre...

- la moda más cañera.
- los trapitos de tu armario.
- los maquillajes más chulos.
- tu peinado de ensueño.
- piercings y tatuajes.

¡A por los trapitos!

Dime cómo te vistes y te diré quién eres:

Diese Hose ...	Este pantalón...
ist gerade total in / völlig out.	es lo último / está completamente pasado de moda.
ist cool / geil.	es genial / la hostia.
ist stylo.	es de lo más fashion.
ist angesagt.	es lo más.
ist absolut von gestern.	es de la época de mi tatarabuela.
sieht scheiße aus. ❗	te queda de puta pena.
ist abturn.	es horroroso.
ist hamma.	de lo más cañero.
steht dir super.	te queda guay.
ist retro.	es retro.

«Retro» entre comillas tiene un significado más bien negativo y significa «pasado de moda».

Michelle ...	Michelle...
ist echt stylo.	es muy fashion.
ist ein echter Upstyler.	es una tía superfashion.
ist super trendy.	se viste a la última.
ist immer voll schön angezogen.	siempre se viste muy bien.
sieht immer super aus.	va siempre guapísima / monísima.
hat einen tollen Stil.	tiene un estilo guay.
ist ein Fashion-Victim.	es una víctima de la moda.

Puede tener también un significado negativo.

hat null Style / Geschmack.	No tiene gusto / Tiene un mal gusto tremendo.

¡Al grano!

Enseña tu armario en alemán:

BH
sujetador

Neckholder-Top
top de tirantes

Bikini
bikini

**Slip /
Höschen**
slip /
braguitas

Push-up-BH
sujetador
con relleno

Tanga
tanga

Rock
falda

Treter
zapatos

Handtasche
bolso

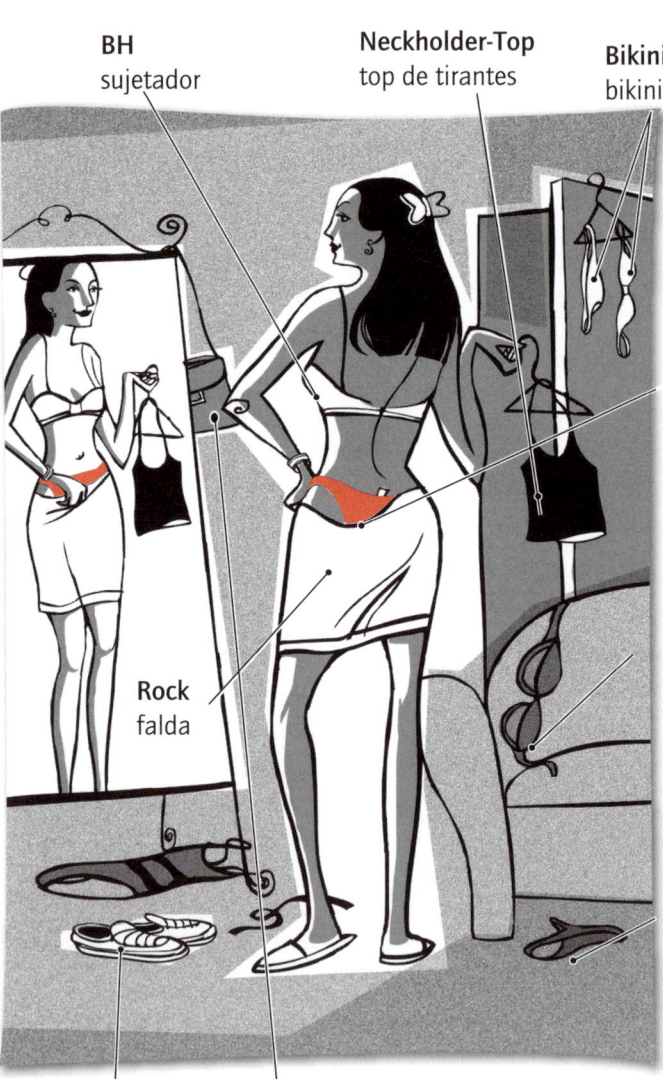

Jeans
vaqueros

Jackett
chaqueta /
americana

Brille
gafas

Baseball-Cap
gorra (de béisbol)

T-shirt
camiseta

Slip
calzoncillos

Rucksack
mochila

Pulli
jersey

Latschen
zapatillas (de
andar por casa)

Lo peor de la moda

Hay estilos que, ante todo, llaman la atención, aunque no siempre haya acuerdo de si por bien o mal. Aquí tienes algunas ideas de cómo definirlo:

Micha sieht in seinem Outfit ... aus!	¡Micha va (vestido)...
so hack	super hortera!
total porno	chulísimo!
echt prall	como un perro verde.
voll arm	de pena!
so spackig	como el culo!
voll pennermäßig	como una piltrafa!

¡Marca tendencia!

– **Tom, in diesen Assi-Klamotten machst du dich total zum Horst!**
Tom, ¡con esta ropa tan hortera pareces un payaso!
– **Na und? Ich find's cool.**
¿Y qué pasa? A mí me mola.

¿Qué es lo que se lleva?

¿Totalmente fashion o pasado de moda? No hay nada más efímero que las tendencias de moda:

... ist / sind im Moment total in.	Ahora se llevan...
Die A-Linie	los vestidos de corte princesa.
Babydolls	los picardías.
Hüftjeans	los vaqueros de cintura baja.
Leggings	las leggings / mallas.
Ballerina	las bailarinas.
Stiefeletten	los botines.
Neckholder-Tops	los tops de tirantes.
Röhren / Röhrenjeans	los vaqueros ajustados.

En el cuarto de baño

¿Qué necesitas para arreglarte? Pídeselo a tus amigos/as:

Darf ich mal ... benutzen?	¿Me dejas...
ein bisschen Make-up	un poco de maquillaje?
deinen Kajal	tu delineador (de ojos)?
etwas Lidschatten	un poco de sombra?
deinen Lippenstift	tu pintalabios?
dein Lipgloss	tu brillo de labios?
deine Wimperntusche	tu rímel / máscara de pestañas?
ein bisschen Puder	unos polvos?

Ich hätte gern ...	Necesito...
eine Wimpernzange.	un rizador de pestañas.
ein Schwämmchen für Make-up.	una esponja de maquillaje.
eine Pinzette.	unas pinzas.
Duschgel / Shampoo.	gel de ducha / champú.
einen Rasierer.	una máquina de afeitar.
Gel / Haarspray.	gomina / laca.
eine Feuchtigkeitscreme.	una crema hidratante.
Parfüm.	perfume.
Aftershave.	aftershave.

Y solo para ellas...

Hast du vielleicht ...	¿No tendrás...
einen Tampon?	un tampón?
eine Slipeinlage?	un salvaslip?
eine Binde?	una compresa?

Mímate

¡Manten tu piel hidratada! ¡Permítete el capricho y mímate con un programa de spa!

Ich hätte gerne einen Termin für eine ...	Querría una cita para...
Gesichtsbehandlung.	un tratamiento facial.
Maniküre.	una manicura.
Pediküre.	una pedicura.
Massage.	un masaje.

para iniciados

Muchos extranjeros aún creen que las mujeres alemanas no se depilan ni las piernas ni las axilas. Sin embargo, hace mucho tiempo que la depilación de cualquier acumulación de vello es también aquí una obligación para las mujeres y, cada vez más, ¡incluso para los hombres!

Ich würde mir gerne die ...	Quería depilarme la/s... con cera.
mit Wachs enthaaren lassen.	
Beine	piernas
Bikinizone	ingles
Achseln	axilas

¡Y yo con estos pelos!

Para conseguir el mejor corte y peinado:

Wo gibt es einen guten Friseur / Kosmetiksalon / ein Nagelstudio?
¿Dónde hay una buena peluquería / un buen salón de belleza / un estudio de manicura?

Ich will einen fransigen Schnitt / eine neue Frisur.
Quiero un corte a capas / algo completamente diferente.

Ich hätte gerne einen geraden / asymmetrischen Pony.
Quiero un flequillo recto / asimétrico.

hechos

En Alemania, el «Friseur» solo trata el cabello; si quieres mimar tus uñas y tu piel, tendrás que ir a un «Kosmetiksalon». Si estás buscando un tratamiento especial para tus uñas (reales o postizas), puedes ir a un «Nagelstudio». Existen algunos establecimientos que ofrecen todos estos servicios conjuntos, pero no es lo habitual.

Ich möchte einen Stufenschnitt.
Quiero un corte con capas.

Bitte etwas fransiger.
Más rebajado, por favor.

Ich möchte meine Haare ...	Quiero...
tönen.	darme reflejos.
färben.	teñirme el pelo.
blondieren.	teñirme de rubio / oxigenarme el pelo.

Ich hätte gerne Strähnchen.
Quería mechas.

Mir gefällt der Typ mit den ... Haaren.	Me mola el tío con el pelo...
lockigen	rizado.
glatten	liso.
schwarzen	negro.
braunen	castaño.
dunkelblonden	rubio oscuro / trigueño.
roten	pelirrojo.

Oh, der Typ mit den Dreads ist heiß!
¡El tío con las rastas está buenísimo!

Die ... ist süß!	¡La... está muy bien!
Blonde	rubia
Rothaarige	pelirroja
Braunhaarige / Brünette	morena / del pelo castaño

Piercings y tatuajes

Claro que los trapitos son importantes, pero no siempre son suficientes: un tatuaje o un piercing son casi imprescindibles.

Hast du ein Piercing / Tattoo?
¿Llevas un piercing / tatuaje?

Er/Sie hat ein ...	Él/ella lleva un *piercing*...
Brustwarzen-Piercing.	en el pezón.
Augenbrauen-Piercing.	en la ceja.
Bauchnabel-Piercing.	en el ombligo.
Zungen-Piercing.	en la lengua.
Lippen-Piercing.	en los labios.
Prinz Albert. ♂	de Príncipe Alberto (genital).

Sí, de verdad hay quien se pone un piercing incluso en su mejor pieza...

Daniel ist total zugetackert!
¡Daniel lleva piercings por todo el cuerpo!

Er/Sie hat ein / einen ...	Él/Ella lleva un...
geiles Tattoo.	tatuaje cojonudo.

El llevar un tatuaje casi se ha convertido en lo normal, así que hoy por hoy parece más digno de mención no llevar ni piercing ni tatuaje que sí llevarlo.

Schultertattoo.	tatuaje en el hombro.
Arschgeweih / Schlampenstempel. ♀	tatuaje fondo espalda.

Así se llama al tatuaje que algunas mujeres llevan justo por encima del culete. Ojo, ¡puede sonar un poco ofensivo!

Oberarmtattoo	tatuaje en la parte superior del brazo.

hechos

El término «Piercer» no ofrece garantía de calidad: cualquier persona puede abrir un estudio. Si quieres ponerte un piercing, ten muy en cuenta la higiene y la primera impresión que te da el establecimiento.

El CUERPO

La pura realidad de las partes y las funciones del cuerpo.

- Piernas monumentales, culos, tetas y todo lo demás.
- Quizás un poco asqueroso, pero hay que conocerlos: todo sobre los eructos, los pedos y las potas.

El cuerpo perfecto

Así hablarás de cuerpos esculturales... o no:

Martina ...	Martina...
hat einen leckeren Body.	tiene un cuerpazo.
ist 'ne Schleckrosine.	está para mojar.
hat scharfe Beine.	tiene unas piernas fenomenales.
hat ein krasses Gestell.	es un cañón.
hat riesige Tüten. !	unas tetas enormes / gigantes.
ist 'ne super Puppe.	está buenísima.
hat ein geiles Fahrgestell.	tiene un culo guapísimo.

Mark ...	Mark...
hat voll das Sixpack.	tiene una tableta de chocolate.
ist 'ne Knochenschleuder. 💣	está esquelético.

En alemán es un insulto muy fuerte.

ist ein Gehsteigpanzer. 💣	está como un tonel. (Lit.: es un tanque en la acera).
hat Klingeldrähte. !	tiene piernas de palillo (lit.: de alambre).
ist ein Korallenriff. 💣	tiene cara de piña / muchos granos. (Lit.: es un arrecife de coral).
hat 'nen Gesichtspullover.	tiene barba. (Lit.: lleva un jersey en la cara).

Daniel hat eine Mördergurke.
Daniel tiene un pepino impresionante.

Martin ist das super Schnitzel!
¡Martin está como un queso!

Tom hat voll das krasse Waschbrett.
Tom tiene una tableta de chocolate de película.

Dennis ...	Dennis...
hat einen Brauereitumor.	Tiene una tripa cervecera impresionante. (Lit.: tiene un tumor de cervecería).
hat voll die Ceranplatte. ❗	está completamete pelao. (Lit.: está como la vitro).
ist ein Hobbit.	es un enano.

Daniela ist flach wie eine Flunder.
Daniela es lisa como una tabla.
«Flunder» es una platija.

Sie/Er ist 'ne Drahtfresse.
Lleva frenillo / aparato.

Der Typ ist voll die Bühü.
El tío está gordo como un cerdo.
«Bühü» hace referencia a las caderas de los búfalos.

sin censura

Estas son algunas palabras que uno/a debería saber (por si acaso):

Breitarschantilope ❗
Mujer con culo gordo.

Igelschnäutzchen 💣
Minitetas
Si la dama en cuestión se da por aludida, la has cagado.

Titten / Möpse / Höcker / Tüten ❗
Tetas / melones / peras / perolas.
«Mops» es un doguillo, «Höcker» son las jorobas del camello.

Im Film sieht man ...	En la película se le ve...
seinen Schwanz.	la cola.
seine Gurke.	el pepino.
seine Boa.	el pito.
seinen Nahkampfstachel.	la pistola / el mástil.

– **Ahnst du die Möpse, Alder!** ¡Imagínate sus melones, tío!
– **Boah, übertrieben!** ¡Joer, son demasiado!

Dennis hat 'nen riesigen Hauptgenerator.
Dennis tiene un aparato enorme.

Martin ist voll der Kampffusel.
Martin es un «yoyas».

Die Alte sieht aus wie ein Klötenknacker. ❗
La pava tiene pinta de ser una dómina.

Der Typ ist 'ne Anabolikafresse. ❗
El pavo es un gamba (fuerte y musculoso, pero feo de cara).

Mark ist von oben bis unten zugelasert.
Mark tiene tatuajes por todo el cuerpo.

Tina ist endsoptisch.
Tina está de muy buen ver.

Klaus hat 'ne Scheißfriese.
Klaus lleva una mierda de peinado.

Curso de anatomía

Te conviene conocer estas partes del cuerpo:

Mähne / Matratze
greñas

Zinken
napias

Fresse
jeta / morro

**Wanst /
Ranzen**
barriga /
panza

Titten / Möpse !
tetas / melones

Schwanz !
cola

Arsch
culo

**Eier /
Klöten /
Sack !**
huevos /
cojones /
cataplines /
bolas

Muschi / Möse !
chocho / coño

Stelzen
patas

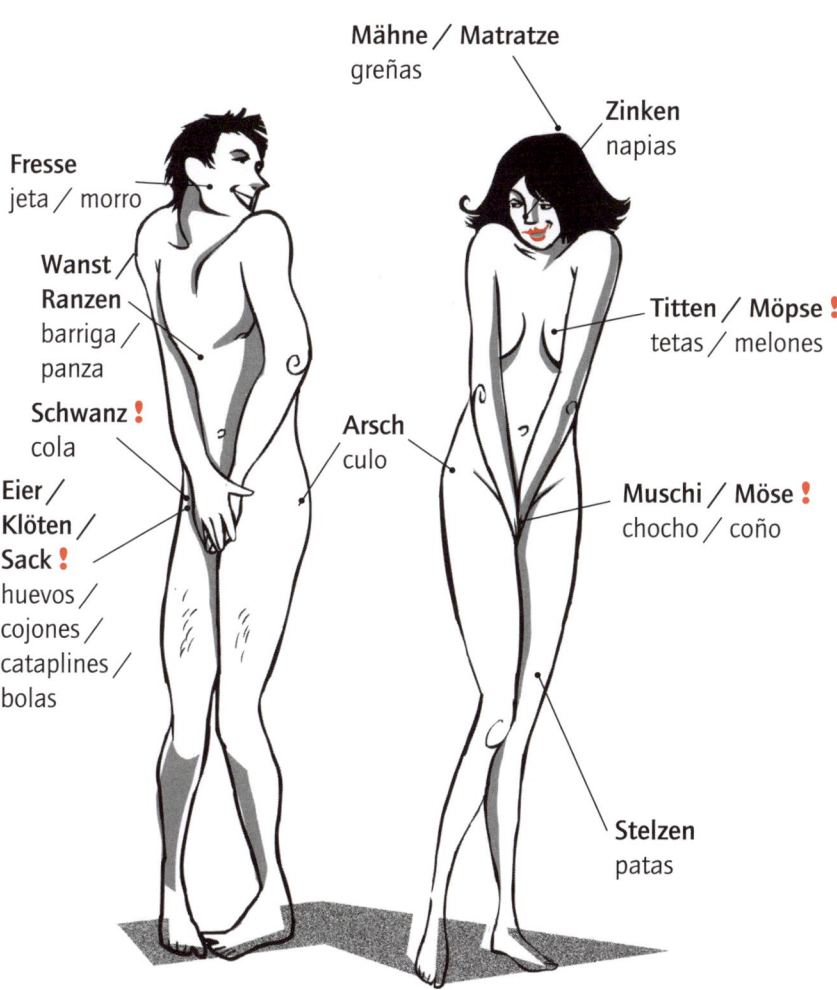

Nadie es perfecto

Siempre hay algo que se puede corregir:

Oh Scheiße, ...	Mierda, ...
ich hab Mundgulli.	me canta la boca.
ich bin ein Clearasil-Testgelände.	tengo un montón de granos en la cara.
ich hab Achselterror.	tengo las axilas encharcadas.
ich hab 'nen Pickel.	tengo un grano.
ich hab 'ne Pestlippe.	tengo un herpes (labial).

Las funciones corporales

¡Qué asco! Quizás no quieras decirlo ni siquiera en español, pero por si se te ocurre decirlo en alemán:

Ich muss mal schiffen.
Tengo que hacer pis.

Ich geh mal dillern.
Voy a echar un meo.

Ich geh mal die Boa würgen. ♂
Voy a cambiar el agua al canario.
Voy a echar un meo, y de paso... también significa masturbarse.

Ich geh einen Bob in die Bahn werfen.
Voy a plantar un pino.

Ich muss mal dönern.
Tengo que tirarme un pedo.

Muss mal scheißen. 💣
Tengo que cagar.

Ich muss kacken. ❗
Tengo que jiñar.

¡Qué asco!

¡Puaj!... Expresiones asquerosas para cosas asquerosas:

Ich geh mal würsteln.
Me voy a lanzar un lastre.

Da hat einer Gesäßhusten.
Aquí alguien se ha tirado un chusco. (Lit.: tiene tos de culo).

Wer hat hier gedönert?
¿Quién se ha tirado un pedo?

Da hat einer Analhusten.
Aquí alguien se ha tirado un cuesco. (Lit.: tiene tos anal).

Wer hat eine Furzgranate geworfen?
¿Quién se ha tirado un chusco? (Lit.: ha tirado una granada de pedo).

Er hat aus dem Arsch gepisst. !
Ha cagado líquido / tiene diarrea.

Ten tacto...
– **Du hast da was an der Nase.** Tienes algo en la nariz.
– **Tschuldigung, wie peinlich!** Perdón, ¡qué vergüenza!
– **Mach dir keine Gedanken.** ¡No pasa nada!
*Así se puede decir «eso» de una forma más discreta
sin difamar al otro.*

Ich muss mal abgallen.
Tengo que echar la pota.

Ich hab Krümelhusten.
Tengo que echar las peras.

Ich geh mal die Maus klicken.
Me voy a hacerme una paja.

Das ist voll die Moppelkotze.
Esto es / está para vomitar.

¿Estás jodido?

¿No te encuentras bien? Estas palabras te ayudarán a decirlo:

Ich habe ...	Tengo...
Rüsselpest.	un trancazo de narices.
Wanztrammeln.	dolor de panza.
KDS-Diät.	la tripa suelta.

Siglas de Kack-dich-schlank-Diät (régimen para adelgazar cagando).

Kloschüsselsprenger / Sprühwurst.	la tripa suelta.
Schädelficken.	un dolor de tarro jodido.

Ich muss göbeln / schüsselbrüllen.
Tengo que potar / echar las papas.

Ich dreh gleich am Teller.
Me estoy rayando.

Ich fühle mich wie ein Toastbrot.
Me siento como un patata arrugada (muy mal).

Ich hab heute keinen Turn.
Hoy estoy de bajón.

Ich fühl mich scheiße.
Estoy hecho/a una mierda.

TECNOLOGÍA

Para hablar con propiedad sobre ordenadores, internet y demás
¡sin despeinarse!

- La jerga informática y cómo se habla en la red.
- Las mejores abreviaturas para *e-mails*, mensajería instantánea y *chats*.
- Hablar sin complejos por teléfono.
- Las abreviaturas más cañeras para los mensajes de texto.

Lenguaje informático

Lenguaje técnico para tontos; en alemán...

Mach den Rechner / die Kiste an.
Enciende el ordena / ordenata.
Si no lo haces, ¿para qué necesitas el resto de las expresiones?

Kann ich mal meine Mails checken?
¿Puedo mirar mi correo?

Die Meatware ist das Problem!
El problema es el usuario.
El «meatware» es el usuario, en oposición al «hardware».

Du musst diesen Patch aufspielen.
Tienes que ponerle este parche.

Du bist echt der Tastenhengst!
Eres un verdadero *crack*.
Se suele usar cuando alguien es un campeón en juegos o actividades online, aunque en la vida «real» la cosa pueda ser muy distinta...

Hast du deinen Lappi dabei?
¿Llevas tu portátil?

Hat das Teil WLAN?
¿Tiene WiFi?
WLAN es la abreviatura de «Wireless Local Area Network».

Willst du surfen?
¿Quieres navegar?

¿Necesitas ayuda?
– **Scheiße, mein Rechner ist abgerauscht.** Mierda, el ordenata se ha colgado.
– **Lass mich mal.** Déjame ver.
– **Krönungsbedürftig!** ¡Te llevas la palma! (Lit.: Esto merece una corona.)

¡Socorro! ¡Mi ordenador se ha vuelto loco!

¿Tienes problemas informáticos? Aquí tienes un par de consejos alemanes:

Mein Compi ...	Mi ordenata...
hat sich aufgehängt.	se ha colgado.
ist abgestürzt.	se ha colgado.
ist hängen geblieben.	se ha colgado.
hat einen Festplattencrash.	tiene el disco duro roto.
hat kein WLAN-Connect.	se ha desconectado (del WiFi).

Das Teil hat ...	El / Este ordenata...
einen Virus.	tiene un virus.
funzt nicht mehr.	se ha muerto.
ist total im Arsch. !	está jodido.

Kannst du mir das mal brennen?
¿Puedes grabarme esto (en CD/DVD)?

Wo ist der USB-Stick?
¿Dónde está el pendrive / lápiz USB?

Du musst die Kiste booten.
Tienes que reinicarlo.

para iniciados

En Alemania cada día hay más cafés y bares que ofrecen acceso a internet. Es muy fácil usarlo: te sientas, introduces tu login, y ¡a navegar! Algunas veces tienes que pedir algo para beber o comprar un número de acceso, otras este servicio te sale totalmente gratis: una manera barata de mirar tus correos electrónicos en un momento. A menudo estos cafés llevan el símbolo «Hot Spot».

E-mails

¿Te gustaría entender este pantallazo? ¡Ahora mismo!

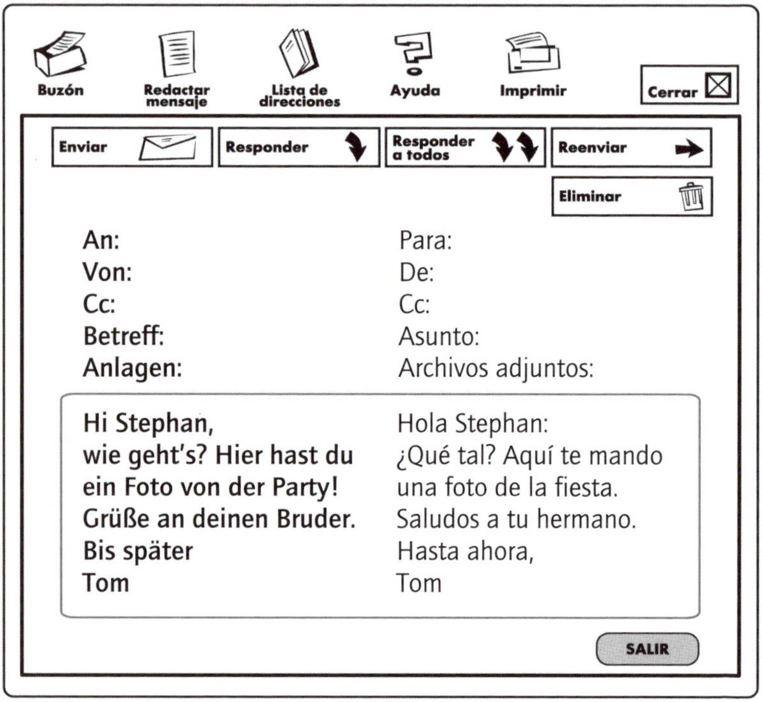

Buzón **Redactar mensaje** **Lista de direcciones** **Ayuda** **Imprimir** **Cerrar** ⊠

Enviar ✉ **Responder** ⬇ **Responder a todos** ⬇⬇ **Reenviar** ➡

Eliminar 🗑

An:	Para:
Von:	De:
Cc:	Cc:
Betreff:	Asunto:
Anlagen:	Archivos adjuntos:

Hi Stephan,	Hola Stephan:
wie geht's? Hier hast du	¿Qué tal? Aquí te mando
ein Foto von der Party!	una foto de la fiesta.
Grüße an deinen Bruder.	Saludos a tu hermano.
Bis später	Hasta ahora,
Tom	Tom

SALIR

Buzón — Post-eingang
Redactar mensaje — Neue Nachricht
Lista de direcciones — Adress-buch
Ayuda — Hilfe
Imprimir — Drucken
Cerrar — Schließen

Enviar — Senden
Responder — Antworten
Responder a todos — Allen antworten
Reenviar — Weiterleiten

Eliminar — Löschen
SALIR — Logout / Abmelden

Comunicación virtual

Escribir e-mails y chatear en alemán:

Deine Page ist krass.
Tu página está de puta madre.

Diese Page ist endcool.
Esta página mola mogollón.

Schickst du mir den Link?
¿Me envías el enlace?

Bist du im Messenger / iChat?
¿Estás en el Messenger / iChat?
En Alemania, casi todos los jóvenes tienen por lo menos una cuenta en un servicio de mensajería instantánea. Los más populares son los servicios de Hotmail, MSN y de AOL.

para iniciados

En los chats se suele mentir a más no poder. Así, una tía cojonuda con una tetas impresionantes puede resultar ser, al final, un murciélago; o, peor todavía: una chico majo y guapísimo al que no conocías puede resultar ser un compañero de clase o incluso alguien con muy malas intenciones. Por ello, ten mucho cuidado y no confíes en cualquiera. Es muy importante que no des demasiados detalles íntimos sobre ti, y sobre todo ¡cuidado con las fotos! El hecho de que «él» o «ella» te pase su número de móvil es una buena señal, pero desde luego no es ninguna garantía de seguridad.

Wie ist dein Nickname?
¿Cuál es tu *nick*?

Hast du seinen Blog gelesen?
¿Has leído su *blog*?

Acrónimos para el chat

Si entras en algún chat, seguro que te encontrarás con alguna de las siguientes expresiones. Además, son rápidas y fáciles de usar y también muy precisas:

Was geht?
¿Qué hay?

How r u?
¿Q tal?

«R» y «u» son letras geniales porque se pronuncian como las palabras inglesas «are» y «you» y, por lo tanto, se pueden usar como abreviaturas. Muchas veces forman frases enteras, por ejemplo, «2hot4u» que significa «too hot for you», «demasiado caliente para ti».

hdf !	Halt die Fresse.	Cierra el pico.
Bab	Bussi auf Bauchi.	Besito en la tripa.
giggle	hysterisches Kichern	risita histérica
grins	Grinsen	sonrisa irónica
momtel	Moment bitte, habe ein Telefonat.	Un momento, estoy hablando por teléfono.
mfg	megafreches Grinsen	sonrisa descarada
gn8	Gute Nacht.	Buenas noches.
fubak	furchtbar böse den Arsch voll kriegen	¡Te voy a dar una colleja! (Lit.: ¡Muy malo/a! ¡Te voy a dar en el culo!)
fudhuk	fall um den Hals und knuddel	un abrazo y apretujón bien fuertes
dwb	dumm wie Brot	tonto como una piedra
blbr	Bussi links, Bussi rechts	(dos) besitos
bb	Bis bald.	Hasta pronto.
mof	Mensch ohne Freunde	persona sin amigos

En los chats alemanes se utilizan también muchas abreviaturas inglesas:

Chat:	Inglés:	Traducción al español:
STFU !	**shut the fuck up**	cierra tu jodida boca
LOL	**laughing out loud**	riéndose a carcajadas
ROFL	**rolling on the floor laughing**	tirado/a por el suelo de risa
LMAO	**laughing my ass off**	partiéndose el culo de risa
HAK	**hugs and kisses**	besos y abrazos
2L8	**too late**	demasiado tarde
AFK	**away from keyboard**	ausente (del ordenador)
AFAIK	**as far as I know**	que yo sepa
CU	**see you**	nos vemos
CUL	**see you later**	hasta ahora / luego
CUT	**see you tomorrow**	nos vemos mañana
ES	**evil smile**	sonrisa diabólica
G2CU	**glad to see you**	me alegro de verte

¡Cógelo!

Suena el móvil? ¿Quieres llamar a alguien? Ningún problema:

Hallo.
Hola.
Puedes utilizar este saludo si no sabes quién te llama.

Hi, ich bin's.
Hola, soy yo.
Si tu interlocutor ve tu número en su móvil, sabrá que eres tú...

Hi, hier ist Stephan.
Hola, soy Stephan.
Úsalo cuando la persona a la que llamas no te reconoce de primeras.

Moment! / Sekunde!
¡Un momento / segundito!
Si tienes que terminar algo rápidamente antes de poder seguir hablando.

Mensajes de texto

El espacio es oro, por lo tanto no te enrolles:

Wobidu?
Dde stas? (¿Dónde estás?)

Sims mir deine Adresse.
Mándame tu dirección por SMS.

Luv ya
TQ (Te quiero.)

Hdl (Hab dich lieb!)
TQ (Te quiero.)

MfG (Mit freundlichen Grüßen)
Saludos cordiales.

Desde la canción del grupo rapero «Die Fantastischen Vier» se utiliza por doquier.

Dilo en imágenes, porque utilizar siempre los mismos emoticons resulta muy aburrido:

:D	lachen	reírse
:P	Zunge rausstrecken	sacar la lengua
@_@	glotzen	mirar embobado/a, quedarse pasmado/a
-_-	schlafen	dormir
^_^	zufrieden sein	estar contento

para iniciados

Si tu estancia en Alemania es breve, los móviles de prepago son la solución ideal. No pagas ninguna cuota de abono y, sin embargo, tienes tu propio número, te pueden llamar y puedes enviar mensajes cortos. También en Alemania hay que ser un poco rarito para usar las cabinas telefónicas.

Mensajería instantánea

¿Tienes ganas de hablar con amigos en la otra punta del mundo? Si dispones de las palabras adecuadas, estarán a tan solo una tecla de ti:

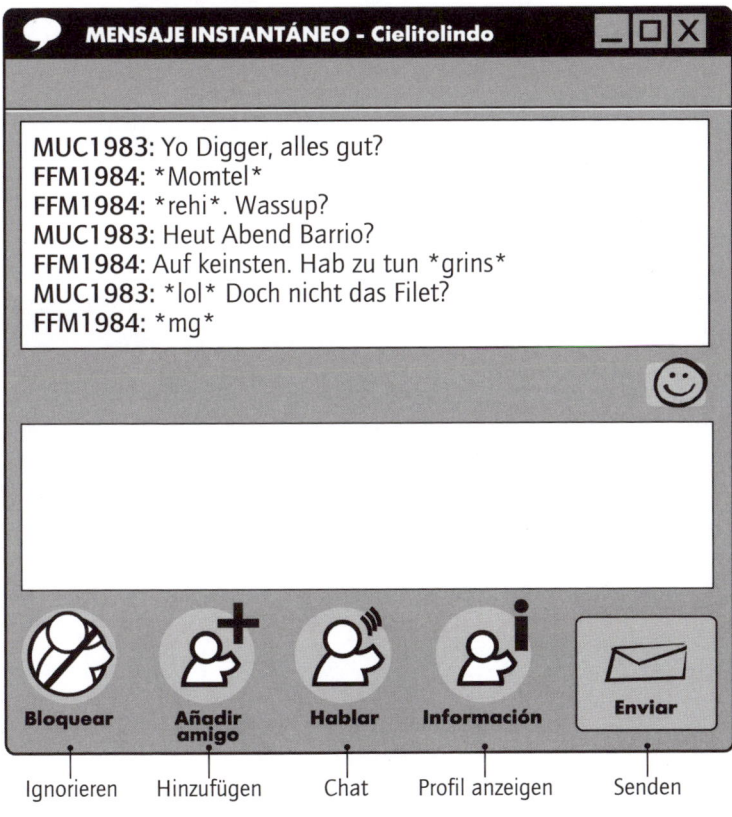

MENSAJE INSTANTÁNEO - Cielitolindo

MUC1983: Yo Digger, alles gut?
FFM1984: *Momtel*
FFM1984: *rehi*. Wassup?
MUC1983: Heut Abend Barrio?
FFM1984: Auf keinsten. Hab zu tun *grins*
MUC1983: *lol* Doch nicht das Filet?
FFM1984: *mg*

Bloquear   **Añadir amigo**   **Hablar**   **Información**   **Enviar**

Ignorieren   Hinzufügen   Chat   Profil anzeigen   Senden

Slang:	Traducción:
Yo Digger, alles gut?	Hola tío, ¿qué tal?
Momtel	Un momento, estoy hablando.
rehi. Wassup?	Aquí estoy. ¿Qué pasa?
Heut Abend Barrio?	¿Quedamos esta noche por el barrio?
Auf keinsten. Hab zu	No puedo, tengo cosas que hacer.
tun *grins*	*sonrisa irónica*
lol Doch nicht das Filet?	Jejeje. ¿No será esa tía buena?
mg	*sonrisa super irónica*

CHISMES y COTILLEOS

Todo sobre los coleguis y la familia, recién salido del horno.

Cómo...

- hablar de los colegas majos y de los no tan majos.
- contar los secretos o guardártelos para ti.
- hablar sobre tu familia.
- difamar a alguien de verdad, o hacerle un poco de daño.

Amigos de toda la vida

¿Has conocido a gente nueva?

Der Typ ist ein Schatzi.
El tío es un bombón.

Sabine ist echt süß.
Sabine es supermaja.

Tom ist voll korrekt.
Tom es un tío muy guay / majo / correcto.

Er ist mein ...	Es mi...
Kumpel. ♂	colegui.
Kollege. ♂	colega.
Buddy.	coleguilla.
bester Freund.	mejor amigo.
Droog. ♂	colega.

La querida familia

Así puedes llamar a tus viejos y hermanos en alemán:

Mein(e) ... ist total super!	¡Mi... es cojonudo/a!
Mama / Mom / Ma / Alte ! / Mutti	mamá / mama / mami / vieja
Papa / Dad / Pa / Alter ! / Vati	papá / papa / papi / viejo
Brüderchen / Bro	hermanito / brother
Schwesterherz / Schwesterchen / Sis	hermanita / sister
Omi / Oma	abuelita / yaya
Opi / Opa	abuelito / yayo
Halbschwester / Stiefschwester	hermanastra
Halbbruder / Stiefbruder	hermanastro

¡Te odio!

Si alguien te toca los cojones, díselo así a todo el mundo:

Die Braut ist doch derbe durch, oder?
La tía no está bien del tarro, ¿verdad?

Der Typ is so'n Hater!
¡El chaval es un brasas!

Diese Tussi pack ich überhaupt nicht!
¡No trago a esta pija!

Daniel geht gar nicht!
¡A Daniel no lo puedo ni ver!

Mit Susis neuem Freund komm ich überhaupt nicht klar.
No trago para nada al nuevo novio de Susi.

Cotilleos

Así podrás hablar de los últimos rumores y soltarlos de forma elegante:

Hast du schon gehört?
¿Ya te has enterado?

Ich hab die Hammer-News!
¡Tengo la última!

Du glaubst es nicht!
¡No te lo vas a creer! ¡Lo vas a flipar!

Weißt du schon das Neueste?
¿A que no sabes la última?

Da kommst du nie drauf!
¡Ni te lo imaginas!

Rate mal, was ich gehört hab …
Adivina de qué me he enterado…

Top secret

Haz todo lo que puedas para que tus amigos no se vayan de la lengua:

Kannst du was für dich behalten?
¿Puedes guardártelo para ti?

Ich erzähl es dir, aber es bleibt unter uns!
Te lo voy a contar, pero ¡queda entre nosotros/as!

Das ist supergeheim, erzähl's keinem!
¡Es un super secreto, no se lo cuentes a nadie!

Ich hab nichts gesagt ...
Yo no he dicho nada...
¡Lo mejor es que lo digas con cara de inocente!

¿¡Qué dices!?

Acabas de escuchar la última y... ¿no das crédito?

Nee, oder?
Estás de coña, ¿no?

Is' ja dick! / Is' ja geil!
¡Es la leche / la hostia!

Ich fass es nicht!
¡Yo lo flipo!

Nie im Leben!
¡Anda ya! / ¡Flipas!

Ja, ja, alles klar!
¡Sí, sí, claro, y tú te pinchas!

Deine Mudda!
¡Cuéntaselo a tu tía!

Wayne?
¿Y qué?

Wie bist du denn drauf?!
Pero ¿tú de qué vas?

Halt einfach die Schnauze und verpiss dich!
¡Cállate ya y vete a la mierda!

Du erzählst doch nur Scheiße!
¡Esto es cuento chino! ∕ ¡Eso es basura!

Geh kacken!
¡Vete a cagar!

Komm mal runter, was is' das denn für'n Scheiß!
¡Tranqui, tranqui! ¿Qué mierda me estás contando?

Never ever!
¡Tú te estás quedando conmigo! ∕ ¡En la vida!

– **Erzähl's mir, ich behalt es für mich!** ¡Cuéntamelo
  que no digo ni mu!
– **Thomas hat 'ne andere.** Thomas está con otra.
– **Is' nich' wahr!** Es coña, ¡¿no?!

Desahogarse

¿Alguien te raya mazo? ¡Defiéndete!

Robert ist ...	Robert es...
so ein Nerd!	un friki.
voll der Honk.	un gilipollas.
ein Snob.	creído.
ein Nub ∕ Noob ∕ Newbi.	un pringao ∕ pringadillo ∕ pardillo.

Britta ...	Britta...
ist 'ne arrogante Tussi.	es una creída de mierda.
ist 'ne Bitch.	es una puta.
ist 'ne Zicke.	es una estúpida / creída.
ist 'ne Schleimscheißerin.	es una chupaculos.
ist total verklemmt.	es una estrecha.
ist völlig schizo.	no está bien del tarro. (Lit.: es esquizofrénica).
ist total gestört.	es subnormal.

Was für ...	¡Qué...
ein Vollhonk!	subnormal!
ein Idiot!	idiota / gilipollas!
ein Volltrottel!	imbécil!
eine Labertasche!	bocazas / charlatán!
ein Assi!	cabrón!

Kevin rallt gar nix.
Kevin no se cosca de nada.

Der Typ ist so hängen geblieben!
¡El pavo se ha quedado atrás / es un retrasado mental!

Mark hat null Peil.
Mark no pilla nada.

Sarah ist grenzdebil.
Sarah es retrasada.

Rabia en el cuerpo

¿Estás cabreado? ¡Desahógate!

Zur Hölle damit!
¡A la mierda!

Du Penis! 💣
¡Gilipollas! / ¡Gilipichis!

Ich kotz gleich!
¡Vomito!

Ich bring ihn um!
¡Me lo voy a cargar!
Aunque seguro que no lo dices en serio...

Lass stecken, du Arschgeige! ❗
¡Déjalo ya, imbécil! (Lit.: Déjala metida, violín de culo)

Was schiebst du denn für 'nen Film?
¿Pero que peliculón te estás montando?

Tiritas de consuelo

¿Tu amigo o tu amiga están depres? Consuélalos:

Komm erst mal runter!
¡Primero tienes que calmarte!

Das ist der Arsch ❗ **doch echt nicht wert!**
¡No merece la pena estar así por ese cabronazo!

Mach dir wegen dem / der keinen Kopf.
No te rayes por él/ella.

Bleib mal locker / cremig / geschmeidig / flauschig.
Tú tranqui.

Scheiß drauf! ❗
¡Mándalo todo a la mierda! / ¡Pasa de todo!

Da geb ich keinen Fick drauf! 💣
¡Eso no me importa un cojón!

¡Calla, coño!

Así harás callar a los que van por ahí diciendo chorradas:

Laber nicht!
¡No me des la brasa!

Erzähl keinen Scheiß. ❗
No cuentes gilipolleces. / Anda, ¡cállate ya!

Komm mal klar, Alter!
¡Tranqui, tío!

Du bist so scheiße, ey! 💣
¡Eres lo peor!

Du bist so eine Dreckschleuder! 💣
¡Eres un puto trolero!

Pass auf, was du sagst, sonst zentrier ich dir eine! 💣
¡Ten cuidado con lo que dices o te doy dos bucos / yoyas!
Ups, ¡se va a armar una buena!

sin censura

Aquí tienes un par de insultos típicos por si quieres herir a alguien de verdad...

Arschloch!
¡Cabrón! / ¡Hijo de puta!
El clásico por antonomasia...

Schwanzlutscher!
¡Chupapollas!

Sackgesicht!
¡Gilipollas de los cojones! / ¡Caraculo! (Lit.: cara-huevos).

Spast!
¡Subnormal!

Nullchecker!
¡Corto!

Schlampe!
¡Puta! / ¡Zorra!

Fotze!
¡Zorra! (Lit.: chocho).

Hurensohn! / Hundesohn!
¡Hijo de puta! / ¡Hijo de perra!

Wichser!
¡Imbécil! (Lit.: pajillero).

Miststück!
¡Guarro/a! (Lit.: trozo de mierda).
Se utiliza sobre todo para chicas.

sin censura

¡... y así contraatacas!

Leck mich! 💣
¡Jódete! (Lit.: ¡Lámeme el culo!)

Fick dich! 💣
¡Jódete!

Verpiss dich! 💣
¡Vete a la mierda!

Geh kacken! 💣
¡Vete a cagar!

Fahr zur Hölle! ❗
¡Vete al diablo ∕ infierno!

Das geht mir am Arsch vorbei! ❗
¡Me la suda!

Bla bla bla!
¡Bla, bla, bla!

para iniciados

«Bla bla bla» se suele utilizar también como el «etcétera y tal» del castellano. Por ejemplo: «Naja bla bla bla, und dann sagte er noch ...» («Bueno, y etcétera y tal, y después siguió diciendo...»). También funciona en frases donde falta un final con «dies und das und jenes» (eso y lo otro) o con «bla und blubb» que significa algo así como «tal cual, Pascual». Seguramente vas a escuchar a menudo fórmulas sin significado concreto como «Besser is das!» (¡Te lo aconsejo!) o «So sieht's aus!» (Así están las cosas).

COMIDA Y BEBIDA

Trágatelo, pero no te atragantes...

- Hambre canina y sed.
- Rico y asqueroso.
- Trastornos de alimentación y malos modales.

¡Dale un mordisco!

Así se dice si necesitas jalar algo:

Ich hab 'nen Mordshunger.
Tengo un hambre canina.

Ich sterbe gleich vor Hunger / Durst.
Me muero de hambre / sed.

Ich brauch was zwischen die Zähne.
Necesito jalar algo.

Ich brauch Kalorien.
Necesito calorías.

Ich werd so richtig reinhauen.
Voy a pegarme un atracón.

Salir a comer

Dónde ponerse las botas:

Komm, wir gehen ...	Venga, vamos a...
in 'nen Frittenbunker.	un chiringuito (con comida).
in ein Lokal.	un restaurante.
ins Restaurant Zur goldenen Möwe / zum Mäc.	a un McDonalds.
in ein Café.	a un café.
zur Burger Queen.	a un Burger King / Queen.

Una expresión muy popular utilizada sobre todo entre los gays.

Wir gehen einen pitschen.
Vamos a tomar una litrona.
Esta expresión se utiliza sobre todo en la Cuenca del Ruhr.

Wir gehen snacken.
Vamos a picar algo. / Nos vamos de picoteo.

¡Para llevar, por favor!

Ich nehm 'ne Assischale.
Para mí una Currywurst (salchicha con salsa de curry) con patatas fritas.
Esta denominación es muy común sobre todo en Renania y en Westfalia.

Für mich Pommes rot-weiß.
Para mí patatas con ketchup y mayonesa.
También se le llama «Pommes-Schranke», como las barreras de rayas rojas y blancas en los pasos de nivel de las vías del tren.

Wir gehen Kalorien tanken.
Vamos a recargar calorías.

Wir gehen 'ne Mafiatorte futtern.
Vamos a comer una pizza (Lit.: tarta de la mafia).

Ich hol mir schnell was zum Mitnehmen / auf die Hand.
Me pillo / cojo algo rápido para llevar.
Esta gran cantidad de expresiones para definir la comida rápida y la comida para llevar lo demuestra: «sich mal schnell was zwischen die Rippen schieben» (meterse algo rápido en la tripa) es algo muy común en Alemania y a veces sirve para sustituir una comida. Si, en cambio, necesitas comer algo en condiciones, aquí tienes algunas propuestas:

Komm, wir gehen zum …	Venga, vamos a…
Italiener.	un italiano.
Chinesen.	un chino.
Thailänder.	un tailandés.
Pizzaessen.	comer una pizza.

para iniciados

En Alemania les gusta mucho comer «Currywurst» con patatas fritas (la llamada «Assischale»). Se trata de una salchicha frita en poco o mucho aceite con una salsa especial con curry y acompañada de patatas fritas.

¿Ya estás lleno?

Así puedes decir si te ha gustado o no:

Miammiam!
¡Mmmh, qué rico!

Superlecker!
¡Requeterrico!

Das war superfein!
¡Estaba riquísimo / exquisito!

Was für ein Fraß! ❗
¡Qué asquerosidad!

Igitt, war das eklig.
Puaf, estaba asqueroso.

Diesen Scheiß könnt ihr sonstwem vorsetzen! ❗
¡Esta mierda que se la coma otro!
¡No la pienso ni tocar, cuanto menos probar!

Lleno a reventar

¿Estás lleno/a a reventar? Así podrás evitar que te obliguen a comer una última porción:

Ich bin total voll.
Estoy super lleno.

Ich kotz gleich.
Voy a vomitar.

Ich bin voll bis zum Anschlag.
¡Me va a dar algo!

Ich kriege keinen Bissen mehr runter.
No me cabe ni una miga.

Ich platze gleich.
Voy a reventar.

Das Essen ...	La comida...
war voll keimig.	estaba asquerosa.
war Spliss.	estuvo / estaba una mierda.
liegt wie ein Stein im Magen.	me pesa como un piedra en el estómago.
Ich glaube, ich muss gleich ...	Creo que tengo que...
göbeln.	devolver.
kotzen.	potar.
abgallen.	echar la pota.
Würfel husten.	echar las peras. (Lit.: toser daditos).
die Schüssel umarmen.	echar las papas. (Lit.: abrazar al retrete).

hechos

En la actualidad puedes encontrar cadenas de establecimientos de comida rápida en cualquier sitio en Alemania; a pesar de eso, la cultura de la comida rápida no está tan extendida como en Inglaterra o en los Estados Unidos. En cambio, hay cada vez más restaurantes con menú al mediodía, en los que se puede comer por poco dinero. A diferencia de los menús en España, no siempre incluyen una bebida y el café suele ir aparte. Sobre todo los restaurantes chinos, indios, japoneses o tailandeses son una buena alternativa al *Burger*. Además, cada vez existen más restaurantes de comida rápida que ofrecen comida europea con mucha verdura o pasta en lugar de comida basura, en las que se cumplen las tres Bs: bueno, bonito y barato.

Malos modales y trastornos de alimentación

¿Tus amigos no saben comer como personas civilizadas?

Michi frisst wie ein Schwein.
Michi come como un cerdo.

Tobi haut rein wie ein Scheunendrescher.
Tobi come a dos carrillos.

Klaus ist voll der Stopfer.
Klaus come a lo bestia.

Daniela hat Fress-Kotzsucht.
Daniela es adicta al come-pota (tiene bulimia).

Problemas de alimentación

¿No puedes o no te apetece comer algo? Dílo así:

Darauf bin ich allergisch.
Tengo alergia a esto.

Auf Fisch kriege ich voll Krätze.
Si como pescado, me salen ronchas / manchas en la cara.
«Krätze» es la palabra coloquial para «Ausschlag» y es un indicio común de alergias e intolerancias.

Ich hab 'ne Laktose-Intoleranz.
Tengo intolerancia a la lactosa.
Con esto darás a entender que los lácteos no son lo tuyo y ya nadie te ofrecerá un vaso de leche.

Ich esse kein Fleisch. No como carne.
Ich bin Vegetarier. Soy vegetariano/a.
Ich bin Veganer. Soy vegano/a.
Si tenía patas, ¡no se come!

VIDA NOCTURNA

¡Salirse de madre en alemán!

- Salir de fiestuki y bailar hasta reventar.
- Emborracharse sin pensar en el día siguiente y sus consecuencias.
- ¿Cómo? ¿Todavía fumas?

¡Vámonos de marcha!

Así podrás pasarte toda la noche de marcha:

Ich hab Storm, heute Abend ist Party angesagt!
¡Tengo vía libre, está noche hay fiestuki en mi casa!

Kommt ihr mit kneipen heute?
¿Os venís hoy de baretos?
Pronunciado «knáypen».

Was geht ab?
¿Qué plan hay?

Seid ihr am Start?
¿Os apuntáis?

Heute geben wir uns die Kante!
¡Hoy nos vamos a poner pedo!

Meine Süße will zappeln gehen.
Mi nena quiere salir a bailar.
Entonces será mejor pasar la noche en una disco de moda...

Lass uns heute Abend einfach chillen / abhängen.
Mejor nos quedamos en casa de tranqui.

Ne Runde zocken?
¿Jugamos otra?
La mayoría de las veces referido a juegos de ordenador.

Das burnt / rockt / geht ab!
Esto mola / chana / es la caña!

– **Wir könnten doch heute einfach zu Hause abhängen?** ¿Y si hoy nos quedamos en casa de tranqui?
– **Vergiss es, ich will feiern gehen!** ¡Ni pensarlo, yo me quiero ir de marcha!

Wir gehen in …	Vamos a...
eine Kneipe.	un bar.
eine Bar.	un pub.
'ne Disse.	una disco.
einen Club.	un club / una disco.

Puedes quedar con amigos/as en un bar o en un pub para hablar o también
para el «Vorglühen» (precalentamiento) para luego ir a una discoteca a bailar.

para iniciados

En Alemania, se consideran jóvenes («Jugendliche(r)») a todos los que han cumplido ya 14 años pero todavía no alcanzan los 18; los menores de 14 años son niños («Kinder»). No pueden venderse bebidas alcohólicas a menores de 16 años. Bebidas con un alto porcentaje de alcohol, como aguardiente, licores o limonada con alcohol, solo pueden ser compradas por mayores de 18. Además, la entrada a discotecas y bares está restringida a jóvenes mayores de 16 años, que solo pueden permanecer allí hasta la medianoche a no ser que vayan acompañados de un adulto. A los jóvenes no les está permitida la entrada a salas de juego: solo a los mayores de 18.

Ausweiskontrolle …
Control de documentos...

Darf ich deinen Ausweis sehen?
¿Puedo ver tu carné (de identidad) / DNI?

¡A brindar!

Así te coges un pedo:

Alder, heute is' Koma-Saufen!
¡Tío, hoy vamos a beber hasta caer (en coma etílico)!

Wir gehen auf 'ne Flatrate-Party!
¡Hoy vamos a una fiesta / disco con barra libre!

para iniciados

En las llamadas «Koma-Saufen» y «Flatrate-Partys» las bebidas o bien están incluidas en la entrada, que puede costar entre cinco y doce euros, o bien son muy baratas. Se trata de una moda bastante peligrosa: el número de intoxicaciones por alcohol entre jóvenes ha aumentado de una forma muy elevada desde que han sido introducidas, y tras darse incluso el caso de una muerte, está claro que en Alemania se van a adoptar medidas de tipo legal.

Heute Abend ...	Esta noche...
schießen wir uns ab.	vamos a beber hasta cagar.
geben wir uns ordentlich die Kante.	nos vamos a dar un palo.
gehen wir gediegen einen picheln.	nos vamos a coger una cogorza.
werden wir abstürzen.	vamos a beber hasta caer.
gehen wir litern.	nos vamos a pillar un moco.
gehen wir bechern.	vamos a beber todas.
saufen wir bis zum Abkacken.	no se nos van a ver las manos. (Lit.: vamos a beber hasta cagar).
trinken wir uns komatös.	vamos a beber hasta caer (en coma).
gehen wir gepflegt einen trinken.	vamos a beber como hombres.
gehen wir alken.	nos vamos a coger una moña.
testen wir die Bierleitung.	nos vamos a poner morados de cerveza. (Lit.: probaremos las tuberías de cerveza).
zwiebeln wir uns einen in die Birne.	nos vamos a coger un buen pedo.

Willst du 'ne Mische?
¿Quieres un cubata?

Du bist dran!
¡Te toca (pagar / invitar)!

Nee, lass mal, ich muss fahren.
No, déjalo, tengo que conducir.

Cocío como un piojo

¿Te has pasado bebiendo?

Das Gesöff ist ganz schön stark, das haut voll rein.
Esto está super fuerte, sube muy rápido.

Moni hat schon ziemlich getankt.
Moni ya ha calibrado bien.

Bine hat sich gestern total zugesoffen.
Bine ayer se puso hasta arriba (de alcohol).

Ich bin sternhagelvoll!
Estoy completamente borracho/a.

Stefan ist völlig dicht, der kackt gleich ab.
Stefan está completamente pedo, está a punto de potar.

Peter ist so hacke, dass er nicht mehr stehen kann.
Peter está tan moña que no se tiene en pie.

Claus ist total blau.
Claus va cocío como un piojo.

A brindar...

Prost! / Prosit!	¡Salud!
Zum Wohl!	¡A tu / vuestra salud!
Cheers!	¡Chin chin!
Stößchen!	¡Brindemos!
Prösterchen!	¡Salud!
Hau wech die Scheiße! !	¡Arriba, abajo, al centro y pa dentro!
Hopfen und Malz – ab in den Hals!	¡Arriba, abajo, al centro y pa dentro!
Auf ex!	¡Bébetelo de un trago!
Auf dich! / Auf euch!	¡Por ti! / ¡Por vosotros/as!

para iniciados

¿Qué se bebe en Alemania? Tradicionalmente mucha cerveza y vino en los bares. En Baviera la cerveza se sirve en vasos o jarras especialmente grandes. Allí, la cerveza se toma en una «Maßkrug» (jarra de un litro) y se disfruta de ella sobre todo en la «Oktoberfest» (fiesta de la cerveza). Después de comer, muchos toman un aguardiente «zur Verdauung», para hacer la digestión, o un café espresso. En los *pubs* y las discotecas se suele tomar cócteles o cubatas, como vodka con red bull, bacardi cola o gin tonic. Sin embargo, son bebidas por lo general bastante caras...

Una más de la cuenta...

Ay, ay, ay, ¿La última bebida te sentó mal?

Mir reicht's für heute.
Ya he bebido bastante por hoy.

Ich hab zu viel getankt.
Me he pasado.

Peter säuft wie ein Loch!
¡Peter bebe como una esponja!

Al día siguiente...

¿Hay algún médico por aquí?

Ich kann mich an nichts erinnern.
No me acuerdo de nada.

Totaler Filmriss!
¡Tengo amnesia total!

Oh Gott, hab ich einen Schädel!
¡Oh Dios, cómo me duele el tarro!

Ich hab 'nen Kater.
Tengo resaca.

Ich glaub, ich muss sterben.
Me siento morir.

– **Du warst so was von strunzbesoffen gestern.**
Ayer ibas cocío como un piojo.
– **Ich kann mich an nichts erinnern. Aber Scheiße,**
bin ich verkatert! ¡No me acuerdo de nada, pero
¡vaya resaca de la hostia tengo!
– **Jammer nich', selber schuld bei deinem Vollrausch!**
No te quejes, ¡es tu culpa por ir tan pedo!

Ruido y humo

Tanto si quieres gorronear un pitillo como si quieres criticar a los fumadores,
aquí tienes las palabras que necesitas:

Kann ich eine ... haben?   ¿Me das un...
Kippe   pitillo?
Ziggi   piti?
Ziese   pitillo?

Macht es was, wenn ich rauche?
¿Te / Os molesta si fumo?

Ich geh eine rauchen, kommst du mit?
Me voy fuera a fumar, ¿te vienes?

Hast du Feuer?
¿Tienes fuego?

Heike raucht wie ein Schlot.
Heike fuma como un carretero.

Ich gewöhn mir gerade das Rauchen ab.
Estoy dejando de fumar.

para iniciados

Los fumadores ya no lo tienen nada fácil en Alemania: fumar en lugares públicos y comprar cigarrillos solo está permitido a mayores de 16 años. El que quiera comprar cigarrillos en una máquina expendedora necesita una tarjeta con chip en la que figure su edad.

Desde septiembre de 2007 está prohibido fumar en instituciones públicas como juzgados, organismos oficiales y medios de transporte públicos, incluidos taxis y estaciones de tren. Tampoco está permitido fumar en locales como restaurantes, bares o discotecas, así como en muchas empresas. En general, si te invitan a casa, es mejor preguntar antes de encender el cigarro. Es probable que te pidan que salgas a fumar al balcón o, si no hubiera, a la calle.

Éxtasis profundo

No dejes que las drogas te controlen... pero habla de ellas si quieres:

Sie ist ...	Va / Está...
total breit.	ciega.
völlig stoned.	super colocada.
high.	colgada.
voll druff.	hasta el culo.
zugeballert.	puesta.

Er/Sie kifft.
Fuma maría.

Er/Sie kokst.
Le da a la napia / esnifa.

Ich nehme keine Drogen.
No tomo drogas.

sin censura

Ich rauche kein ...	No fumo...
Dope.	costo / tate.
Gras.	hierba / maría.
Weed.	marihuana.
Pot.	maría.
Shit.	grifa.
Piece.	chocolate.

Auf der Party hat jemand einen Dübel / Joint geraucht.
En la fiesta alguien fumó un porro / peta / petardo.

In der Disco wollte jemand Koks verticken.
En la disco intentaron vender / trapichear con coca.

Ich würde nie Ecstasy nehmen.
Nunca tomaría éxtasis.

De patrulla

Esto deberías saberlo, aunque mejor que no lo necesites:

Scheiße, die Bullen!
¡Mierda, los maderos!

Hier kommt der Trachtenverein.
Ahí vienen los pacos.

Scheiße, jetzt haben sie uns am Arsch. !
Mierda, ahora sí que nos han pillado. / Nos tienen cogidos de los huevos.

Ich hab einen Strafzettel / ein Ticket / ein Knöllchen bekommen, weil ...	Me han puesto una multa / una papeleta / una receta porque...
ich gerast bin.	iba a toda leche.
ich bei Rot über die Ampel geheizt bin.	me he pasado un semáforo en rojo.
ich ein Stoppschild übersehen hab.	no he visto el stop.
ich die Vorfahrt missachtet hab.	me he saltado el ceda el paso.

Eric ist besoffen gefahren und von den Bullen angehalten worden.
Eric conducía pedo y le pararon los maderos.

Sven ist ohne Führerschein erwischt worden.
A Sven lo han pillado sin el carné de conducir.

ENTRETENI- MIENTO

Cómo se habla sobre música, cine y televisión...

- Relájate y habla sobre música chula.
- Habla de tecnología como si fueras un experto.
- Deja que te cuenten todo de la televisión alemana.

Música guay

¿Y a ti qué te gusta escuchar?

Ich mag …	Me gusta…
Pop.	el pop.
Alternativ.	la música alternativa.
Indie.	la música *indie*.
Techno.	el *techno*.
R&B.	el *R&B*.
Hip-Hop.	el *hip-hop*.
Heavy Metal.	el *heavy metal*.
House.	el *house*.
Rap.	el *rap*.
Punk.	el *punk*.
Hardcore.	el *hardcore*.
Emo.	el emo.

Wir gehen aufs Britney-Konzert.
Vamos al concierto de la Britney.

Die Show gestern war endsgeil.
El concierto de ayer estuvo de puta madre.

Dreh auf, Alder!
¡Súbelo, tío!

Die Mucke im Auto muss hämmern.
¡Qué vibre el coche (con la música)!

hechos

Si quieres saber cuál es el último éxito en Alemania, solo tienes que buscarlo en los «charts», los más escuchados, que se encuentran en todas las tiendas en las que se vendan CD o música. Estas listas son mega prácticas si has escuchado una canción cojonuda en la radio y no sabes cómo se llama: con mirarte los *top 100* tienes muchas posibilidades de encontrar el tema que estás buscando.

El equipo necesario

Lo que necesitas para escuchar música:

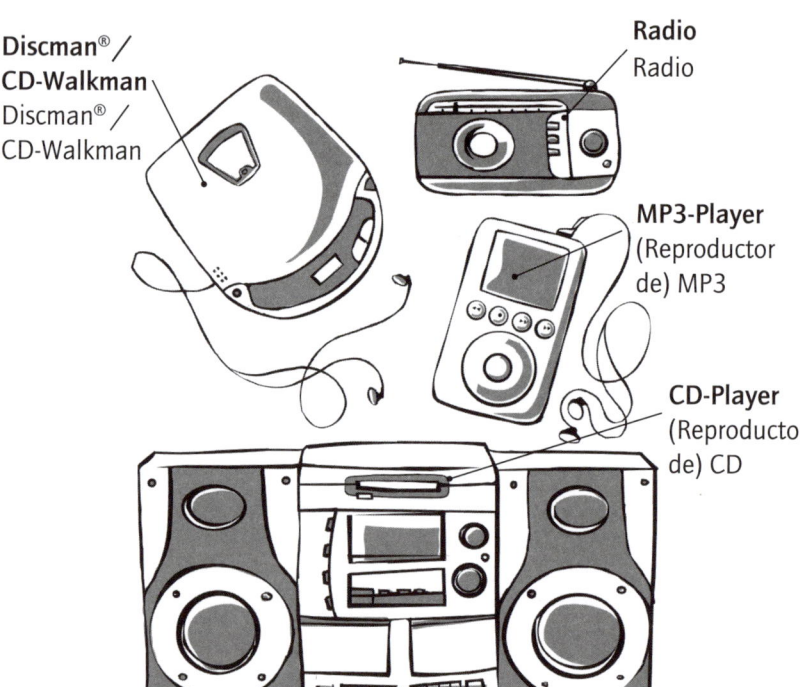

**Discman® /
CD-Walkman**
Discman® /
CD-Walkman

Radio
Radio

MP3-Player
(Reproductor
de) MP3

CD-Player
(Reproductor
de) CD

para iniciados

En Alemania, así como en España, ya es casi impensable la vida sin mp3. Da igual si tienes un reproductor sencillo, un iPod, el ordenata o un teléfono, lo puedes escuchar y/o intercambiar música en cualquier sitio, y llevar siempre encima tus mejores canciones. La música se puede adquirir fácilmente por internet y en tiendas especializadas, pero ¡ojo! Las leyes contra la piratería en Alemania son muy duras, así que no hagas nada estúpido...

Cine y televisión

El lenguaje del mundo del espectáculo:

Ich sehe gerne ...	Me gustan...
Soaps.	las novelas / series dramáticas / los culebrones.
Doku-Soaps.	los realitys tipo novela.
Zeichentrickfilme / Cartoons.	los dibujos animados.
Reality-Shows.	los realitys.
Talk-Shows.	los programas de entrevistas.
Comedy-Serien.	las series de humor.

Ich haue mich heute Abend vor die Glotze.
Esta noche me echo delante de la tele. / Esta noche toca tele.

Ich setz mich vor die Kiste.
Me voy a sentar delante de la caja tonta.
En alemán también puede referirse al ordenador.

Hast du 'ne Fernsehzeitung?
¿Tienes la revista con la programación?

Du hast doch Kabel, oder?
Tienes televisión por cable, ¿no?

Hast du Kabelfernsehen?
Casi todos los hogares en Alemania cuentan con televisión por cable o un antena parabólica. En cualquiera de los casos, hay canales de televisión para hartarse.

Hast du Premiere?
¿Tienes Premiere / televisión de pago?
«Premiere» es el primer canal de pago en Alemania y el más extendido, aunque la televisión de pago no está tan extendida como en otros países.

Wir leihen uns einen Film aus.
Alquilamos una peli.

Wir holen einen Film in der Videothek.
Nos sacamos una peli de la videoteca.
Los llamados «Cinebanken» (bancos de cine) surgen como hongos en Alemania: se trata de videotecas sin personal. Basta con que te saques una tarjeta de acceso para poder alquilar películas de las máquinas expendedoras siete días a la semana las 24 horas del día, y todo a unos precios bastante económicos.

Wir haben jetzt Satellit.
Ahora tenemos una antena parabólica.
A través de la antena parabólica se cogen muchos canales, incluso algunos canales exóticos que no se pueden ver por cable.

Hast du Pay-TV?
¿Tienes televisión de pago?
En Alemania puedes apuntarte a diferentes canales de pago. Puedes así reservar películas en internet y verlas tranquilamente en casa. Algunas ofertas no son tan caras y evitas aburrirte con los anuncios.

Ich mag ...	Me mola(n)...
Komödien.	las comedias.
Actionfilme.	el cine de acción.
Horrorfilme.	las pelis de terror.
Krimis.	las pelis policiacas / de investigación.
Dramen.	los dramas.
Agentenfilme.	las pelis de agentes secretos.
Frauenfilme.	las pelis sobre / para mujeres.
Thriller.	las pelis de suspense.
japanische Filme.	el cine japonés.
deutsche Filme.	el cine alemán.

El cine alemán goza de muchísimo éxito, sobre todo desde los últimos años.

Das soll der super Sommerknaller sein.
Dicen que es el taquillazo del verano.

Fünf Sesselpupser für diesen Film.
Esta película recibe cinco estrellas.

En algunos programas de radio alemanes trabajan críticos de cine que califican las películas con diferentes símbolos de puntuación. Uno de ellos son los «Sesselpupser» (lit.: pedos / pedorros en el sillón).

para iniciados

Tienes varias alternativas para descubrir qué es lo más actual en Alemania. Por un lado, puedes encontrar revistas gratuitas de programación cultural en muchos bares y clubs, en las que puedes encontrar también comentarios sobre películas y CD actuales. MTV y VIVA son los dos canales musicales más importantes de Alemania: ponen la música más actual y también informan de la cartelera de cine.

Puedes consultar las canciones más oídas en Alemania a cualquier hora en internet o preguntar en tiendas de música.

En los «charts» podrás encontrar todos los temas que ocupan los primeros puestos en las listas de ventas y que suenan continuamente en la radio. De esta forma podrás constantemente hacerte una idea del panorama musical más actual.

14 GESTOS

Concéntrate para enterarte bien cuando te «hablen» con el lenguaje corporal. Aquí tienes una selección de lo más importante que puedes hacer con las manos... si quieres comunicarte.

Geht's noch? / Der spinnt wohl!

¿Está(s) bien? / ¡Este está mal del tarro! Puedes utilizar estos gestos de forma discreta, es decir: para criticar a alguien a sus espaldas... o también de forma clara y abierta, si quieres que todos sepan tu opinión sobre alguien o algo.

„..."

Perfecto cuando algo te huele mal, a trola o a podrido, por ejemplo: «Er war „angeblich" krank». (Se supone que estaba enfermo).

Wir telefonieren.

Hablamos (por teléfono). Se puede decir más alto (desde luego), pero no más claro: hablamos por teléfono. Especialmente útil si se lo dices a alguien que está muy lejos o si la música es más fuerte que tus cuerdas vocales...

Küss meinen Arsch!!

¡Bésame el culo! ¡Que te den!

Señala con dos dedos, los mismos que usaste para tocarte el culete y después besarlos, a la persona que te está mareando. Ella lo entenderá perfectamente.

Er holt sich einen runter. / Er/Sie holt ihm einen runter. / Du bist ein Wichser! !

(Él) se está haciendo una paja. / Él/Ella le hace pajas / está haciendo una paja. / Eres un pajillero.

Este gesto puede tener un significado muy literal (en ese caso, las manos lo dicen todo) o más bien expresar en sentido figurado que alguien es insoportable o la ha cagado.

Ich will dich.

Te deseo. / Me pones.

Pon una cara provocativa y chupa un vez con la lengua el labio superior: es un mensaje clarísimo, ¡pero resérvatelo para cuando de verdad quieras transmitir este mensaje! Suele ser utilizado por chicas, pero no solo.

Er/Sie hat zu viel gesoffen.

Él/ella va pedo.
Bueno, entonces ¡salud!...

Fick dich!

¡Jódete! / ¡Que te den!
La señal con la mano, también llamada
«Stinkefinger» (lit.: dedo maloliente) es la forma
internacional de mostrar que alguien o algo te
molesta mucho. A menudo va acompañado de
palabras como «Fick dich!» (¡Jódete!) o «Verpiss
dich!» (¡Vete a la mierda!).

Erzähl's der Hand!

Si alguien te está contando gilipolleces, estira
tu mano hacia él. Así quedará claro: sus cosas
no te interesan lo más mínimo. También
puedes enfatizar el gesto con la frase «Erzähl's
der Hand!» (¡Cuéntaselo a mi mano!).
Entonces ya no cabrá duda alguna.

Perfekt! / Geile Sache!

¡Perfecto! / ¡De puta madre!
Genial!